JN111854

TOEIC対策専門講師
早川幸治 著

TOEIC BRIDGE®
L&Rテスト
はじめてでも
80点突破

ナツメ社

はじめに

「TOEIC Bridge L＆Rテストっていうのを受けなきゃいけないんだけど、何をしたらいいのかな……」

そんな悩みから本書を手にしていただきありがとうございます。お金や時間の投資につながるその選択が「正解だった！」と安心していただけるように、学習の流れを工夫して作成しました。学習にはコツがあります。記憶力が悪くても、意志が弱くても、関係ありません。

突然ですが、何かが上達した経験ってありますか？ スポーツでも楽器でも、カラオケでも料理でも、ゲームでも自転車の運転でも、ジャンルは何でもいいので思い出してみてください。上達の過程で、どんなことをしたでしょうか。
カラオケでいえば、何度も聞いて、歌詞を確認して、何度も口ずさんで、そして歌詞を見ずに本番で歌えるようになります。

上達させたものの種類にかかわらず、この手順を踏んだはずです。

話は変わりますが、私はずっと英語が苦手でした。高校２年生のときに英検４級を受けました。中学校２年生レベルの４級ですら書いてあることがわからず「不合格」でした。その後、ひょんなことから英語学習を始めました。

当時の自分自身の経験や、高校や大学、企業における指導経験から、上達法はすべて同じだと確信しました。「英語学習だから特別な才能が必要」なんてことはありません。上達の過程は全部おんなじ。先の【インプット➡反復練習➡本番】の手順どおり学習すれば、確実に得点アップできます。

本書はこの上達の流れを踏んだ学習ステップとなっています。初めから100%の理解は求めなくても大丈夫です。「少しずつ、でも確実に」が成功のカギです。それでは、TOEIC Bridge L＆Rテスト80点突破を目指して、学習を始めましょう！

早川幸治（Jay）

音声データのダウンロードについて

本書の音声データは、株式会社ナツメ社のウェブサイトにて提供しています。

1）パソコンのウェブブラウザでナツメ社ウェブサイト（https://www.natsume.co.jp）を開き、「TOEIC BRIDGE」で検索する。
2）表示された『TOEIC BRIDGE L&Rテストはじめてでも80点突破』の書籍紹介ページ下部の「サンプルデータダウンロード」のボタンをクリックし、zipファイルをダウンロードする。
3）zipファイルを解凍し、目的のmp3ファイルをプレイヤーにて再生する。

- ダウンロードした音声データは本書の学習用途のみにご利用いただけます。改変や商用利用はできません。
- ダウンロードした音声データの使用により発生したいかなる損害についても、著者および株式会社ナツメ社は一切の責任を負いかねますのでご了承ください。

Contents

本書の特長と使い方

本書は、TOEIC Bridge L&Rテストを受ける人が、TOEICテストへ移行する目安となる80点を取るための学習をサポートするための問題集です。

20日で一通りの学習が終えられるような構成になっています。20日間、学習を続けると、習慣になります。20日目までを終えたら模擬試験に挑戦して、また最初から本書を使って学習を繰り返してもいいでしょう。

本番であわてずに問題を解く力を身につけられる、3ステップで構成しています。テストのパートごとに、特徴をおさえながら勉強を進めましょう。

STEP 1 問題の特徴をとらえ、例題を使って問題の解き方を学ぶ。

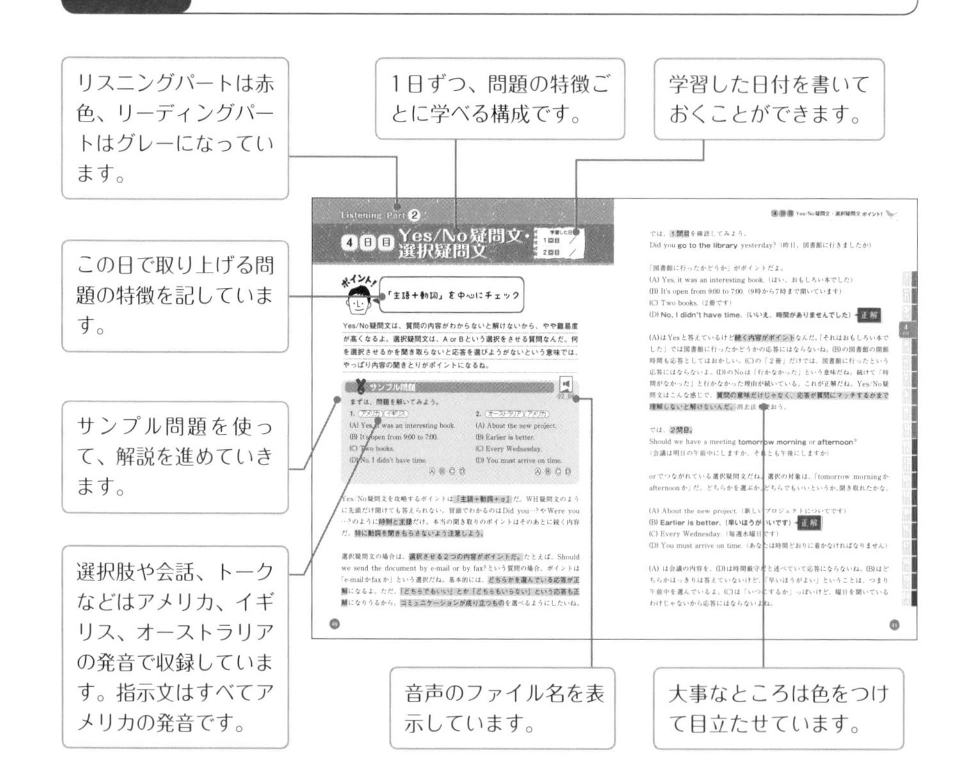

リスニングパートは赤色、リーディングパートはグレーになっています。
1日ずつ、問題の特徴ごとに学べる構成です。
学習した日付を書いておくことができます。
この日で取り上げる問題の特徴を記しています。
サンプル問題を使って、解説を進めていきます。
選択肢や会話、トークなどはアメリカ、イギリス、オーストラリアの発音で収録しています。指示文はすべてアメリカの発音です。
音声のファイル名を表示しています。
大事なところは色をつけて目立たせています。
Listening Part 2
4日目 Yes/No疑問文・選択疑問文
「主語＋動詞」を中心にチェック
サンプル問題

STEP 2　解き方を身につけるためのトレーニングに挑戦する。

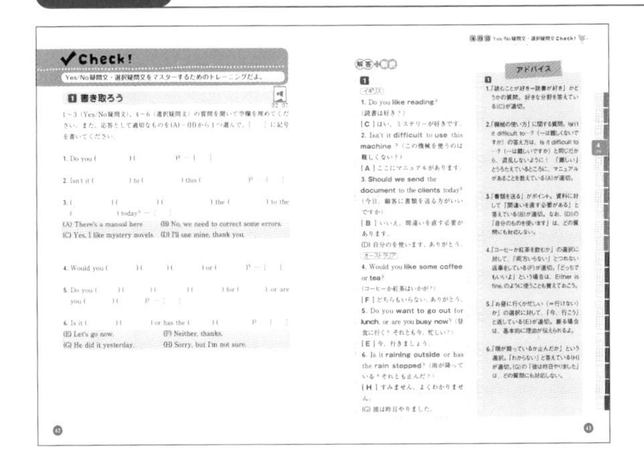
✔Check!

Yes/No疑問文・選択疑問文をマスターするためのトレーニングだよ。

1 書き取ろう

1〜3（Yes/No疑問文）、4〜6（選択疑問文）の質問を聞いて空欄を埋めてください。また、応答として適切なものを(A)〜(H)から1つ選んで、［　］に記号を書いてください。

1. Do you (　　) (　　)? ─［　］

2. Isn't it (　　) to (　　) this (　　)? ─［　］

3. (　　) (　　) (　　) the (　　) to the (　　) today? ─［　］

(A) There's a manual here.　(B) No, we need to correct some errors.
(C) Yes, I like mystery novels.　(D) I'll use mine, thank you.

4. Would you (　　) (　　) (　　) or (　　)? ─［　］

5. Do you (　　) (　　) (　　) (　　) for (　　), or are you (　　) (　　)? ─［　］

6. Is it (　　) (　　) or has the (　　) (　　)? ─［　］

(E) Let's go now.　(F) Neither, thanks.
(G) He did it yesterday.　(H) Sorry, but I'm not sure.

解答＋解説

1

1. Do you like reading?
（読書は好き？）
［C］はい、ミステリーが好きです。

2. Isn't it difficult to use this machine?（この機械を使うのは難しくない？）
［A］ここにマニュアルがあります。

3. Should we send the document to the clients today?（今日、顧客に書類を送る方がいいですか）
［B］いいえ、間違いを直す必要があります。
(D) 自分のものを使います。ありがとう。

4. Would you like some coffee or tea?
（コーヒーか紅茶はいかが？）
［F］どちらもいらない。ありがとう。

5. Do you want to go out for lunch, or are you busy now?（昼食に行く？それとも今、忙しい？）
［E］今、行きましょう。

6. Is it raining outside or has the rain stopped?（雨が降っている？それとも止んだ？）
［H］すみません、よくわかりません。
(G) 彼は昨日やりました。

アドバイス

STEP 3　問題がきちんと解けるようになったか、力だめしをする。

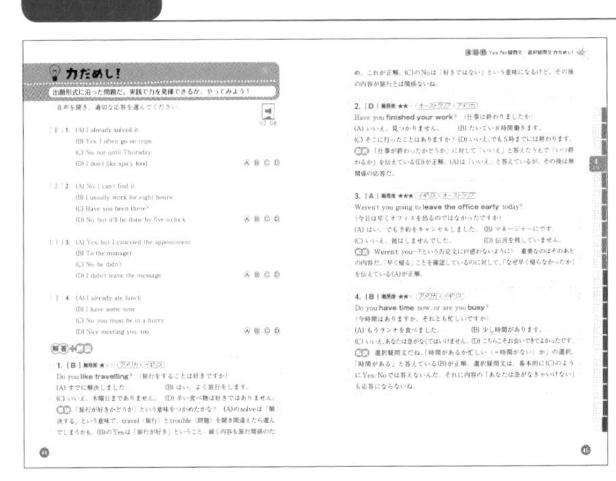
力だめし！

出題形式に沿った問題だ。実践で力を発揮できるか、やってみよう！

音声を聞き、適切な応答を選んでください。

1. (A) I already solved it.
(B) Yes, I often go on trips.
(C) No, not until Thursday.
(D) I don't like spicy food.

2. (A) No, I can't find it.
(B) I usually work for eight hours.
(C) Have you been there?
(D) No, but it'll be done by five o'clock.

3. (A) Yes, but I canceled the appointment.
(B) To the manager.
(C) No, he didn't.
(D) I didn't leave the message.

4. (A) I already ate lunch.
(B) I have some time.
(C) No, you must be in a hurry.
(D) Nice meeting you, too.

解答＋解説

1.［B］
Do you like travelling?（旅行をすることは好きですか）

2.［D］
Have you finished your work?（仕事は終わりましたか）

3.［A］
Weren't you going to leave the office early today?

4.［B］
Do you have time now, or are you busy?

左ページにあるトレーニングに取り組みましょう。リスニング問題の場合は、表示されているファイル名の音声を聞いて解きます。

出題形式に沿った問題で、この日の力だめしをします。できなかったところは、解説に戻ってしっかりおさらいしましょう。

Jay先生からのアドバイスやはげましの言葉を参考にして、学習を続けましょう！

模擬試験

巻末に、1回分の模擬試験がついています。時間を計りながら挑戦してみましょう。実際の試験同様、マークシートもついています。

※TOEIC Bridge S＆Wテストの概要については、97〜98ページで紹介しています。

TOEIC Bridge L&Rテストとは

Bridgeとは？

TOEIC Bridge L&Rテストは、英語を使った基礎的なコミュニケーションがどのくらいできるかを測るためのテストです。Bridgeの名が示すとおり、TOEIC L&Rテストへの架け橋として、TOEICテストよりも「やさしく」「日常的で身近な」英語を使っています。また、時間もTOEIC L&Rテストの半分の1時間となっています。まだ英語学習を始めて日の浅い人など初・中級者が、基礎的な英語能力を確かめるのに最適なのです。さらに学習を続けて、TOEIC L&Rテストへとステップアップしていくことができます。

構成は？

TOEIC Bridge L&Rテストには、リスニングパートが4つ、リーディングパートが3つあります。リスニングパートでは、ナレーションや会話を聞いて、設問に答えます。音声はいずれも1度ずつしか放送されません。リーディングパートでは、問題用紙に印刷された問題文を読んで、設問に答えます。いずれも多肢選択のマークシート方式です。次の表を見てください。

リスニングセクション 約25分間・50問	
Part 1 画像選択問題 ▸▸▸6 問	句や文を聞いて、4つの絵の中から、その句や文を最もよく表す絵を選ぶ。
Part 2 応答問題 ▸▸▸20問	質問や発言を聞いて、4つの選択肢の中から、応答として最も適切なものを選ぶ。
Part 3 会話問題 ▸▸▸10問	2者間の短い会話を聞いて、会話に関する2つの設問に解答する。看板やお知らせなどの簡単な補足図表を参照する問題もある。
Part 4 説明文問題 ▸▸▸14問	1人の話し手による短いメッセージやお知らせなどを聞いて、その内容に関する2つの設問に解答する。看板やお知らせなどの簡単な補足図表を参照する問題もある。
リーディングセクション 35分間・50問	
Part 1 短文穴埋め問題 ▸▸▸15問	語や句が1カ所抜けている文を読んで、それを完成させるのに最も適切な選択肢を選ぶ。
Part 2 長文穴埋め問題 ▸▸▸15問	語や句または文が3カ所抜けている文章を読んで、それを完成させるのに最も適切な選択肢を選ぶ。
Part 3 読解問題 ▸▸▸20問	1つの文書を読んで、それに関する2つか3つの設問に解答する。

試験の申し込みと当日の流れ

試験日、場所、申し込み方法は？（公開テスト）

TOEIC Bridge L＆Rテストは、通常年4回（3月、6月、9月、11月）、全国13都市（札幌・宮城・埼玉・千葉・東京・神奈川・愛知・京都・大阪・兵庫・岡山・広島・福岡）で実施され、学校や公共機関などが試験会場となります。変更されることもあるので、必ず公式サイトで確認してください。申し込むと、試験日の2週間前を目安に、試験会場が記された受験票が送られてきます。
TOEIC Bridge L＆Rテストへの申し込みは、インターネットからのみ、行えます。インターネット申し込みの画面から、必要事項を入力したり受験料（4,950円〈税込・2020年5月現在〉）を支払う方法を選んだりします。

● 申し込みURL

https://www.iibc-global.org/toeic/test/bridge_lr.html

申し込みは、試験日の約1か月前に締め切られますので、公式サイトで確認しましょう。

試験当日は？

試験当日は、指定された会場に時間までに到着します。交通機関が遅れたり駅から会場まで道に迷ったりすることを考慮に入れ、余裕をもって出かけましょう。

● 持ち物リスト

・受験票
・本人確認書類（顔写真のついているもの。運転免許証、学生証、個人番号カード、パスポートなど）
・筆記用具（試験の際、机の上に出しておけるのは、HBの鉛筆またはシャープペンシルと、プラスチック消しゴムだけ）
・腕時計（試験中見えるところに時計はなく、時刻のアナウンスもない。携帯電話やスマートフォンは電源を切ってかばんにしまわなければならない）

その他、会場の冷房が効いていて寒い場合もあるので、羽織るものやひざ掛けが必要な人は適宜、準備しましょう。

● タイムテーブル

10：00～10：30	試験会場に入る。どの教室で受験するのか、受験番号と掲示板に張り出されている教室案内を照合して入室する。 机の上に置かれているカードに受験番号が記されているところに座り、準備する。 解答用紙（マークシート）に、受験番号や名前、所属や受験回数などに関する簡単なアンケートに答える欄があるので、それをマークして待つ。 ※トイレ休憩が取れるのはこの時間まで。
10：30～11：00	試験官による試験案内、本人確認（試験官が、本人と本人確認ができるものについている顔写真とを１人ずつ、確認してまわる）がなされる。 また、試験官の合図があれば、HBの鉛筆またはシャープペンシルと、プラスチック消しゴム以外のもの（ペンケース、参考書等）はかばんの中にしまう。 リスニングテストのサンプルが流れ、会場内で音声が聞き取りづらいことがないか、確認する。不都合があれば、このときに申し出ること。
11：00～11：25	リスニングセクション開始。音声は一度しか流れないので、集中して聞く。
11：25～12：00	リーディングセクション開始。試験終了時刻のアナウンスはないので、自分で時間配分をする。
12：00～12：10	合図とともに問題用紙を閉じ、筆記用具を置く。試験官が解答用紙、問題用紙を回収し、不正な持ち出しがないか、数を確認する。合図があれば、試験終了。退室できる。

採点方法

TOEIC Bridge L＆Rテストは、英語能力を合否ではなくスコアで表示します。スコアは、リスニングセクション（15～50点）、リーディングセクション（15～50点）の各セクションスコアと、トータルスコア（30～100点）からなります。スコアは1点刻みです。

この点数は正答数そのままの素点ではなく、スコアの同一化を図る統計処理を施した換算点です。

スコアに加えて、スコアレンジ別評価一覧と項目別正答率も提示されます。

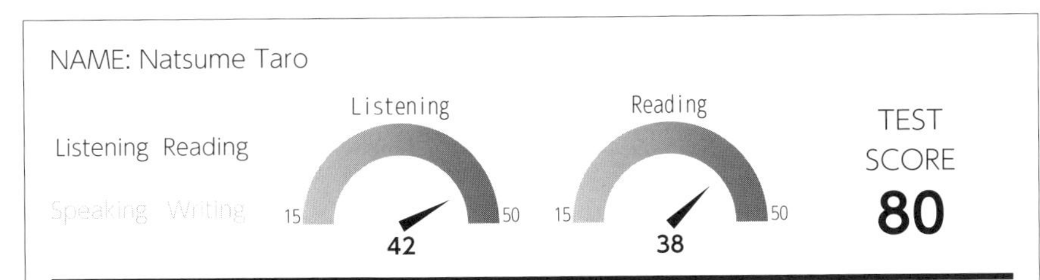

Listening

スコアレンジ：**39～50点**

このスコアレンジに該当する受験者は一般的に、つながりのある文と多少複雑な構造を含む、短い会話やトークを理解できる。……

Reading

スコアレンジ：**34～44点**

このスコアレンジに該当する受験者は一般的に、よく使われる語彙と基本的な文法構造で書かれた短い文書を理解することができる。……

リスニング・リーディングの
スコアレンジの特徴が示される

Abilities Measured	
適切な応答：短いやりとりにおいて、話し手への適切な応答がわかる	85%
短い対話や会話：ゆっくり話された短い対話や会話を理解できる	78%
短いトーク：１人の話し手による、ゆっくり話される短いトークを理解できる	78%
要点や述べられた事実の理解：短い会話やトークの中で、話の要点や述べられた事実を理解できる	80%

Abilities Measured	
語彙：シンプルな文において、単語や短いフレーズを理解できる	75%
文法：シンプルな文において、形式、意味、簡単な文法構造の用法を理解できる	80%
要点や述べられた事実の理解：短い文章において、要点や述べられた事実を理解できる	78%
情報を伝える短い文書：情報を伝える、描写的、説明的な短い文書を理解できる	80%

リスニング・リーディングで４つずつの項目における正答率が示される

TOEIC Bridge L&Rテストに必要な3つの力

何事においても成功するかどうかは「本気度」と「準備の質」によって決まります。ここでは、TOEIC Bridge L＆Rテストの対策をするうえで磨くべき3つの力について確認しておきましょう。

1．英語力

英語のテストですから、英語力が必要なのは当たり前ですね。ここでは、単語力や文法力、英語の音を聞き取る力、英文を理解する力などを英語力と呼びます。今ある知識を基礎に、さらに知識を増やしていきましょう！

2．情報処理能力

英語力は「知識」ですが、情報処理能力は「スキル」です。TOEIC Bridge L＆Rテストは知識を測る問題もありますが、スキルを測る問題も多くあります。そのため、英語を英語のまま理解する力やスピーディーな処理能力が問われています。知識をスキルに高めることで確実にスコアは上がっていきます。本書を通して、頭で理解するだけではなく、身体で覚えることでスキルアップしましょう！

3．対策力

スポーツにも相手に応じた対策があるように、テストにも対策があります。英語力が上がっても、TOEIC Bridge L＆Rテストで求められていない能力であればスコアは上がりませんし、スコアが上がらなければ学習の成果は評価されません。本書で無駄のない対策を行いましょう！

TOEIC Bridge L＆Rテストのあと、TOEICテストに挑戦する人もいるでしょう。TOEICテストはさらに難易度が高くなりますが、必要な3つの力は全く同じです。本気の取り組みで、準備の質を高めながら、目標スコア達成に向けて学習をスタートしましょう！

学習プランと学習のコツ

旅行をするときには、しっかりと電車や飛行機の時間までプランを立てますね。そうすることで、限られた時間の中で最大限楽しめるだけでなく、何時の電車に乗れば、何時にどこに着けるか、何時にはどこにいるか、という全体像を把握することができます。
でも、学習をするときにはあまりプランを立てずにスタートしてしまうのではないでしょうか。「時間ができたら勉強しよう」という気持ちでは、どんどん後回しになってしまいます。せっかく本書を手にしたのに、気づいたときには本棚の飾りになっているなんて悲しいですよね。「あのときのやる気はどこにいってしまったんだ！」って。
そうならないためにも、まずは学習プランを立てましょう。学習プランとは、これからの学習の道順を決めることです。旅行でいえば、その日に「どこまで行くのか」を決めることです。プランのない旅行も時には楽しいですが、どこに行きつくかはわかりません。目標スコアを確実に達成するためにも、正しい道順で、着実に進めていきましょう。学習プランを立てるときのポイントは、「ムリなく、でも継続できるものであること」です。

学習を進めるコツ

「結果の出る勉強」と「結果の出ない勉強」があります。結果の出ない勉強とは、やみくもに問題を解いて答えを確認するだけ、というもの。問題を解くことは、現在地のチェック、つまり実力チェックです。健康診断を受けても健康にならないように、問題を解くだけでは力はつきません。勉強した気にはなれるのですが、何も英語力が変わらないのです。
効果的な学習とは、次のステップで進んでいきます。

問題を解くことで現在地がわかります。その後、解説や英文・日本語訳を確認し、知らない単語や話の展開を確認し知識を増やします。しかし、これだけでは、「知っている」だけで終わってしまうため、「できる」という状態まで高める必要があ

ります。そのために、今解いた問題を使って、聞く力や読む力を磨きます。リスニングセクションであれば音声を使ってリピートをしたり、表現を身につけるために音読したり。リーディングセクションであれば、全文を意味を取りながらしっかり読むことで、スピードや話の展開を理解する力を高めることができます。

効果的な学習

本書では、テストと同じ順番に取り組み、20日間でパート別対策をした後、最後に模擬試験で仕上げるという学習プランを組んでいます。しかし、得意・不得意なパートがはっきりしている場合は、学習の順番を変えていただいてもOKです。TOEIC Bridge L＆Rテストは知識を測るパートとスキルを測るパートに分かれていますので、まずは知識を測るパートから対策をするということもできます。

●学習プランA（オーソドックス型）

Part 1 画像選択問題 → Part 2 応答問題 → Part 3 会話問題 → Part 4 説明文問題 → Part 1 短文穴埋め問題 → Part 2 長文穴埋め問題 → Part 3 読解問題 → 模擬試験

●学習プランB（知識→スキル型）

Part 1 画像選択問題 → Part 1 短文穴埋め問題 →
Part 2 応答問題 → Part 3 会話問題 → Part 4 説明文問題 →
Part 2 長文穴埋め問題 → Part 3 読解問題 → 模擬試験

◆学習を記録しよう！（サンプル問題、Check！、力だめし！の正答数を記録しよう）

1日目	2日目	3日目	4日目	5日目
学習日 ／	学習日 ／	学習日 ／	学習日 ／	学習日 ／
正答数 ／9問	正答数 ／9問	正答数 ／16問	正答数 ／12問	正答数 ／11問
復習日 ／	復習日 ／	復習日 ／	復習日 ／	復習日 ／
正答数 問	正答数 問	正答数 問	正答数 問	正答数 問
6日目	**7日目**	**8日目**	**9日目**	**10日目**
学習日 ／	学習日 ／	学習日 ／	学習日 ／	学習日 ／
正答数 ／12問	正答数 ／14問	正答数 ／8問	正答数 ／15問	正答数 ／8問
復習日 ／	復習日 ／	復習日 ／	復習日 ／	復習日 ／
正答数 問	正答数 問	正答数 問	正答数 問	正答数 問
11日目	**12日目**	**13日目**	**14日目**	**15日目**
学習日 ／	学習日 ／	学習日 ／	学習日 ／	学習日 ／
正答数 ／15問	正答数 ／16問	正答数 ／12問	正答数 ／23問	正答数 ／13問
復習日 ／	復習日 ／	復習日 ／	復習日 ／	復習日 ／
正答数 問	正答数 問	正答数 問	正答数 問	正答数 問
16日目	**17日目**	**18日目**	**19日目**	**20日目**
学習日 ／	学習日 ／	学習日 ／	学習日 ／	学習日 ／
正答数 ／12問	正答数 ／8問	正答数 ／11問	正答数 ／9問	正答 ／13問
復習日 ／	復習日 ／	復習日 ／	復習日 ／	復習日 ／
正答数 問	正答数 問	正答数 問	正答数 問	正答数 問

リスニング

Part 1

画像選択問題

Part別学習法

1日目 人物の描写

2日目 物の描写

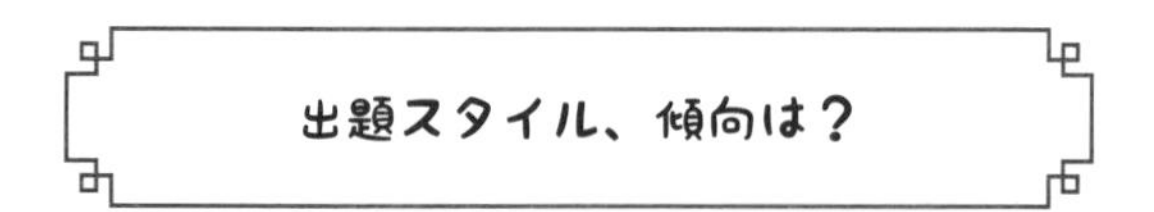

画像選択問題では、流れてくる英文に合うイラストを4つの中から1つ選ぶよ。画像には2つのタイプがあり、1つは「人物」の画像、そしてもう1つが「物や風景」の画像だ。人物がメインの画像では、人物の動作や状態が、物や風景がメインの画像では、場所のほか、位置関係や状態などの聞き取りが問われるよ。

01_01

●人物の画像

The woman is drinking from a mug.

(A) (B)  (C) (D)

攻略ポイント1：主語と動詞に注目

●物や風景の画像

There is some food on the dishes.

(A)  (B)  (C)  (D)

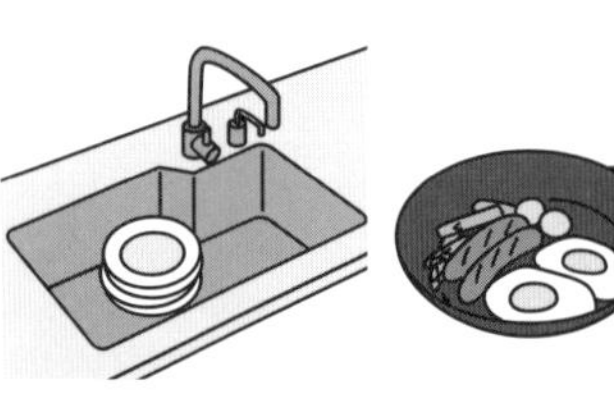

攻略ポイント2：位置関係や状態に注目

生徒：英語が書かれていればわかるんだけど、リスニングのスピードについていけるか心配だなぁ。

Jay：確かに1回で聞き取らなきゃいけないからね。でも、ピンポイントで正解することも大切だけど、消去法を使うこともできるよ。消去法ポイントは、「描かれていないもの」と「していない動作」だよ。人物のイラストでdrinkingしているのは1枚しかないから、drinkingが聞こえたら正解できるよね。物のイラストはfoodとdishesがポイントだ。

生徒：確かに！ あと、問題を解いたあと、どんな学習をすればいいんですか？

Jay：おぉ、それはやる気がある人に多い質問だよ。まずは知識を増やそう。単語や表現がわからなかったら、自信を持って選べないからね。

学習ポイント１：知らない単語や表現を学習しよう

生徒：わかりました！

Jay：それから、リスニングは英語の発音に慣れることが求められるよ。解いた問題については、英文を全部リピートして言い、「文字と音」それから「音と意味」が頭の中で関連づけられるようにトレーニングすることがオススメだよ。これで、聞き取れるものがグンッと多くなるんだ。

学習ポイント２：英文をリピートして英語の発音やリズムを身につけよう

生徒：よーし、まずはPart 1からしっかり頑張るぞ！

1日目 人物の描写

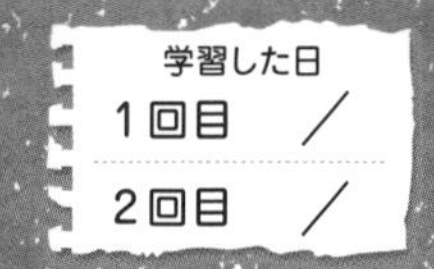

人物の描写では動作が問われる

人物のイラストの場合、基本的には動作が描写される。英文やフレーズを聞いて、どのイラストのことかを判断しよう。ちなみに、今のあなたがイラストになっているとしたら、A man/woman is reading a book.（男性／女性が本を読んでいる）とか、A man/woman reading a book.（本を読んでいる男性／女性）という描写になるよ。

サンプル問題
01_02
まずは、Part 1の味見をしてみよう。イギリス
1.
(A)
(B)
(C)
(D)
Ⓐ Ⓑ Ⓒ Ⓓ
2.
(A)
(B)
(C)
(D)
Ⓐ Ⓑ Ⓒ Ⓓ

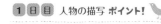

どうだったかな。
聞き方のコツを身につけよう。**文の場合は「主語＋動詞＋目的語」の語順だし、句の場合は基本的に「名詞＋動詞ing＋目的語」の語順**だから、この順番に聞き取れるようにしたいんだ。その中でも、**主語＋動詞をしっかりと聞き取る**ことが大切だよ。ちなみに、**人物の動作は現在進行形というbe動詞＋動詞のingが使われることがほとんど**なんだ。She's holding a pen.（彼女はペンを握っている）とかShe's walking in the park.（彼女は公園を歩いている）のような構文だということも覚えておくといいよ。句の場合は、A woman holding a pen.（ペンを握っている女性）とかA woman walking in the park（公園を歩いている女性）となるよ。ちなみに、サザエさんのように「猫を追いかけている女性」と言いたい場合はA woman chasing a catと言えるよ。

では、1問目を確認してみよう。The man is… と聞こえてきたから、男性の動作だね。

The man is **using a computer** at his desk.
（男性は机でパソコンを使っている）

男性のイラストは(A)と(C)だね。deskは両方にあるけれど、**動詞＋目的語であるusing a computerがポイント**なんだ。正解は(C)。

それから、不正解のイラストの話もしておくね。今のdeskのように基本的にいくつかのイラストに同じものが描かれていることが多いんだ。**描かれているものだけで判断せずに、動作が正しいものを選ぶといいよ。**

では、続いて**2問目**を確認しよう。
People **choosing** food items.
（食べ物を選んでいる人々）

peopleから始まっているけれど、すべてのイラストに人々が描かれている。だから、ポイントはその後だ。foodは(A)(B)(D)にあるけれど、**ポイントは動作のchoosing（選んでいる）**だね。正解は(D)。

✔Check!

様々なポイントに関する描写を聞き取るためのトレーニングだよ。

1 聞き取ろう

01_03

文や句を聞き、下線に書いてみましょう。また、対応するイラストを選んで（　　）に○を書いてください。

1. A woman is ____________ ______ the ____________.

（　　）

（　　）

2. People ____________ ____________ the ________.

（　　）

（　　）

3. ________________ ________________ a ____________.

（　　）

（　　）

4. A man is ＿＿＿＿＿ ＿＿＿＿＿ a ＿＿＿＿＿.

(　　)　　　　　　　　　　　　　　　(　　)

1

1. (オーストラリア)

A woman is **talking on** the **phone**.（1人の女性が電話で話している）

2. (アメリカ)

People **sitting around** the **table**.（テーブルの周りに座っている人々）

3. (イギリス)

Passengers boarding a **bus**.（バスに乗っている客たち）

4. (オーストラリア)

A man is **drinking from** a **glass**.（1人の男性がグラスから飲んでいる）

アドバイス

1

1. 動作talkingは両方のイラストに対して言えるね。ポイントはon the phoneだよ。
2. 文ではなく、句だ。どんなpeopleかという説明が、テーブルの周りに座っていると追加されている。文にする場合は、People are sitting around the table. だね。
3. passenger（乗客）は頻出。いる場所によって、人物の呼び方が変わることも多い。店にいればshopper（買い物客）だし、レストランにいればcustomer（客）やdiner（食事客）になるよ。waiter（ウェイター）やwaitress（ウェイトレス）、性別を問わないserverという呼び方も覚えておこう。
4. drinkingという動作に対して、from a glass（グラスから）と、どのように飲んでいるかを追加している。

力だめし！

出題形式に沿った問題だ。実践で力を発揮できるか、やってみよう！

音声を聞き、英文に合うイラストをA～Dの中から選びましょう。

□□ **1.** (A)

(B)

(C)

(D)

Ⓐ Ⓑ Ⓒ Ⓓ

□□ **2.** (A)

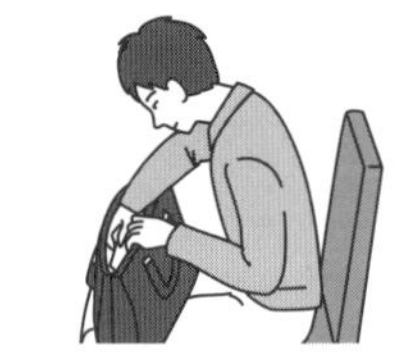

(B)

(C)

(D)

Ⓐ Ⓑ Ⓒ Ⓓ

□□ **3.** (A)

(B)

(C)

(D)

Ⓐ Ⓑ Ⓒ Ⓓ

1. [B] 難易度 ★☆☆ アメリカ

A woman is washing a dish.（女性がお皿を洗っている）

解説 女性の動作に関するイラストだね。washing a dish（お皿を洗っている）というイラストは(B)。他のイラストの場合、英文は以下のようになるよ。

(A) A woman is watering a plant.（女性が植物に水をやっている）

(C) A woman is cooking in the kitchen.（女性が台所で料理をしている）

(D) A woman is wiping a table.（女性がテーブルを拭いている）

2. [D] 難易度 ★☆☆ イギリス

A man carrying a bag.（かばんを運んでいる男性）

解説 男性の動作を聞き取ろう。carrying a bag（かばんを持っている）のイラストは(D)だ。それ以外のイラストに対する英文での描写も確認しておこう。

(A) A man looking into a bag.（かばんの中を見ている男性）

(B) A man pushing a cart.（カートを押している男性）

(C) A man looking at some items.（商品を見ている男性）

3. [C] 難易度 ★★☆ オーストラリア

People are lying on the grass.（人々が芝生の上に寝転んでいる）

解説 人々の動作だね。lying on the grass（草の上に寝転んでいる）が表すイラストは(C)。lieが「横たわる」という意味なんだ。他のイラストは英文なら次のように言えるよ。

(A) People are playing a sport.（人々がスポーツをしている）

(B) People are weeding a garden.（人々が庭の草むしりをしている）

(D) People are walking side by side.（人々が横に並んで歩いている）

2日目 物の描写

学習した日
1回目 ／
2回目 ／

物の描写ではその状態や位置関係が問われる

Part 1には人物ではなく、物が中心のイラストもあります。たとえば、「壁に時計がかかっている」という状態の描写や、「建物の前に車が止まっている」のように位置関係の描写もあります。あなたの周りを見回してみてください。目の前の状況が描写されるかもしれません。

人物の動作と同様に、描写は文の場合と句の場合がある。物が中心のイラストの場合、状態や位置関係をしっかりと聞き取ろう。物が主語の場合は、受動態（Be動詞＋過去分詞）で表現されることが多いよ。たとえば、テーブルの上にお皿が

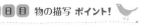

置かれているとしたら、Some dishes are arranged on the table.（テーブルの上にお皿がいくつか配置されている）のような文が使われる。これは物が動作を受けているためだね。句の場合はSome dishes arranged on the table.（テーブルの上に配置されたいくつかのお皿）となるよ。

では1問目を確認してみよう。

Some books are placed **on a table**.

（テーブルの上に本が数冊ある）

イラストにはすべて本があるから、より具体的な状態の理解が求められているよ。正解は「机の上に置かれている」という場所と状態を正しく描写した(B)だ。(A)や(C)(D)は場所や状態が異なっているね。

また、There is/are…（～がある）という構文も覚えておこう。たとえば、1のイラストだったらThere are some books on a table.（テーブルの上に本が数冊ある）のようにも言えるよ。There isやThere areの部分は重要じゃない。重要なのはその後ろの「何があるか」という対象物と「どこにあるか」という位置関係だ。

続いて2問目を確認しよう。

Trees near the pond.

（池の近くの木）

イラストにはすべて木がある。そこで、pondが理解できたかどうかポイントだね。正解は、池と木の両方がある(D)。

物は位置関係と状態がポイント。

以下の表現を覚えておこう。

位置関係

near（～の近くに）	close to（～の近くに）	next to（～の隣に）
by（～のそばに）	above（～の上に）	over（～の上に）
under（～の下に）	on（～の上に、～に接触して）	

状態

be hanging on the wall（壁にかかっている）
be leaning against the wall（壁によりかかっている）
be stacked / be piled up（積み重なっている）
be lying on the floor（床に横たわっている）

✔ Check!

様々なポイントに関する描写を聞き取るためのトレーニングだよ。

1 聞き取ろう

01_06

文や句を聞き、下線に書いてみましょう。また、対応するイラストを選んで（　　）に○を書いてください。

1. A picture is ________________ _______ the wall.

（　　）

（　　）

2. A _________ _______ the window.

（　　）

（　　）

3. Cars ________________ the ________________.

（　　）

（　　）

4. There is a ______________ ________________ the ____________.

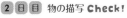

( ) 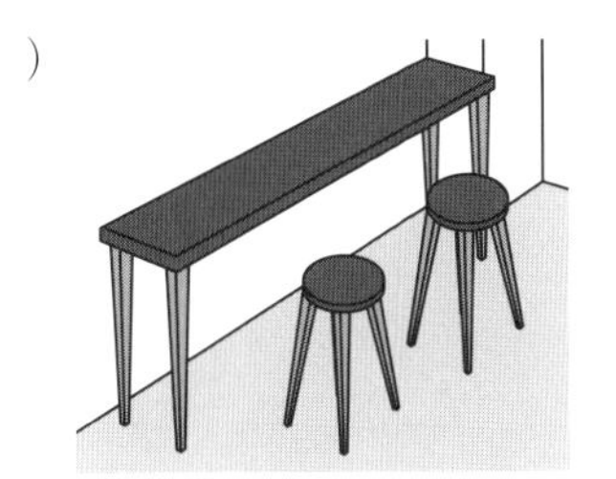

( ) 

解答+解説

1

1. イギリス

A picture is **hanging on** the wall.（絵が壁にかかっている）

2. オーストラリア

A **sofa by** the window.（窓のそばにあるソファ）

3. アメリカ

Cars **crossing** the **bridge**.（橋を渡っている車数台）

4. イギリス

There is a **table between** the **chairs**.（イスの間にテーブルがある）

アドバイス

1

1. 壁にかかっていることを、hanging on the wallと言うよ。ちなみに、天井からぶら下がっているというhanging from the ceilingも覚えておこう。
2. ソファの位置を正しく聞き取れたかな。「窓のそば」はby the windowだ。near the windowでもOKだよ。位置関係はよく出るので、25ページを復習しておこう。
3. 車の状態がポイントだ。crossing the bridgeで「橋を渡る」という意味になる。「橋の近くに停められた車」は、Cars parked near the bridge.と言えるよ。
4. イスの場所を正しく聞き取る描写だね。テーブルとイスの位置関係をtable between the chairsと表している。2つの間にある場合は、betweenを使うことを覚えておこう。もうひとつのイラストの場合は、There is a table in front of the chairs.またはThere are chairs in front of the table.のように言える。

力だめし！

出題形式に沿った問題だ。実践で力を発揮できるか、やってみよう！

音声を聞き、英文に合うイラストをA～Dの中から選びましょう。

 1. (A)

(B)

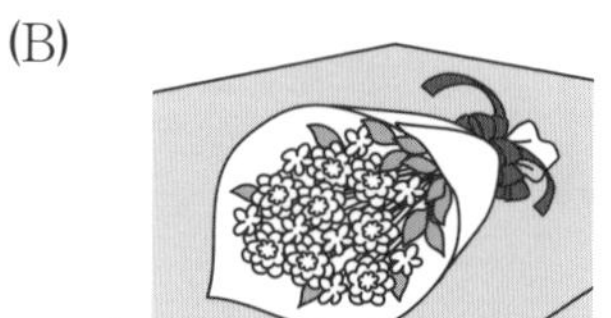

(C)

(D)

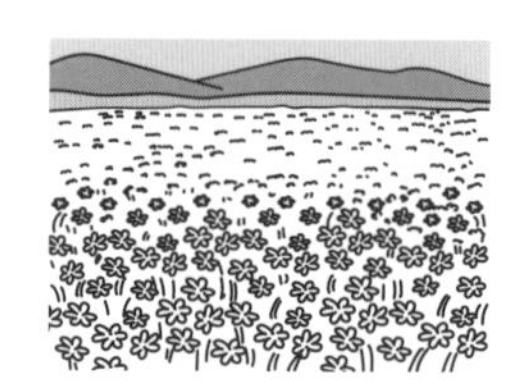

Ⓐ Ⓑ Ⓒ Ⓓ

 2. (A)

(B)

(C)

(D)

Ⓐ Ⓑ Ⓒ Ⓓ

□□ 3. (A)

(B)

(C)

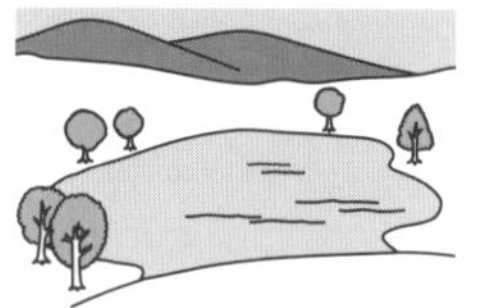

(D)

Ⓐ Ⓑ Ⓒ Ⓓ

解答＋解説

1. [C] 難易度 ★★☆ オーストラリア

Flowers in a vase.（花瓶に入った花々）

解説 花に関する描写だね。vaseが「花瓶」だとわかったかどうかがカギだ。なお、イギリス・オーストラリア系の英語ではvaseの発音が「ヴァーズ」のようになるよ。アメリカ・カナダ系の英語では「ヴェイス」のようになるんだ。それ以外のイラストを英文でどういうかも確認しておこう。

(A) Flowers in a flowerbed.（花壇にある花）

(B) Flowers on a table.（テーブルに置かれた花）

(D) Flowers in a field.（野原に咲く花）

2. [D] 難易度 ★☆☆ アメリカ

A notebook is placed next to a lamp.（1冊のノートがランプの近くに置かれている）

解説 ノートの状態がポイント。ランプとの位置関係を表しているため(D)が正解。その他のイラストについての英文での描写も確認してみよう。

(A) Some notebooks are piled up.（ノート数冊が積み重なっている）

(B) A pen is placed on a notebook.（ノートの上にペンが置かれている）

(C) Some notebooks are lined up on a shelf.（棚にノートが並んでいる）

3. [B] 難易度 ★☆☆ イギリス

Trees along the street.（道路に沿った木々）

解説 木の状態の聞き取りが求められているね。along the street（通りに沿って）を表すのは(B)。その他のイラストは英文なら次のように描写できるよ。

(A) Trees in a garden.（庭にある木）

(C) Trees around the lake.（湖の周りの木）

(D) Logs near the fence.（フェンスの近くの丸太）

リスニング術

英文を聞きながらイラストを瞬時に判断するコツはありますか。

「画像選択問題」のイラストは人物がメインか物や風景がメインかのどちらか。16ページでも紹介したけど、描写のポイントは、人物がメインのときはその人物の動作や状態、物や風景がメインのときはその場所や物の状態や位置関係だよ。

Part 1で見た問題を使って、イラストを見るポイントをおさらいしておこう。

A woman is washing a dish.（女性がお皿を洗っている）

どのイラストもみな女性が描かれているので、動作の聞き取りがポイントだね。

A notebook is placed next to a lamp.（1冊のノートがランプの近くに置かれている）

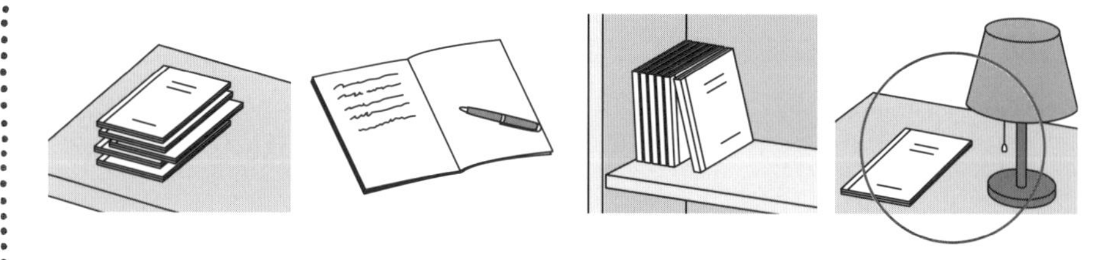

どのイラストにもノートが描かれているということは、ノートの状態や位置関係が描写されるよ。next to a lampという位置関係がポイントだ。

リスニング

Part 2

応答問題

Part別学習法

3日目 WH疑問文

4日目 Yes/No疑問文・選択疑問文

5日目 依頼・提案

6日目 報告・確認

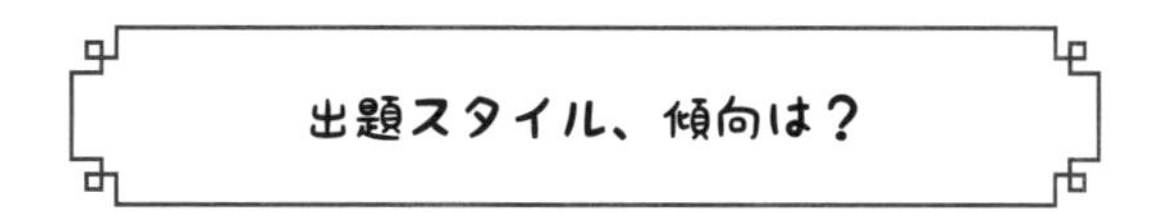

出題スタイル、傾向は？

応答問題では、1つの質問や報告が流れてくる。その質問や報告の応答として適切なものを、印刷されている4つの選択肢から1つ選ぼう。質問や報告は書かれていないため、リスニング力が問われている。直接的に答えているものだけでなく、ややひねった応答もあるので気をつけよう。なお、選択肢は音声でも流れるよ。

02_01

〈発音は(オーストラリア)〉

1. What time did you get up this morning?　(質問は印刷されていません)
　時間を聞いているのかな。

(A) No, I didn't get it.
(B) At around 7:00.　**時間を答えている(B)だ！**
(C) I didn't have time.
(D) I went there in the afternoon.

WH疑問文は、質問のポイント（ここでは時間）を聞き取れれば多くの場合、正解できる。

〈発音は(イギリス)〉

2. Have you been to Okinawa?　(質問は印刷されていません)
　沖縄に行ったことがあるかどうか、か。

(A) That's a great idea.
(B) I'm from Kyoto.
(C) Yes, last year.　**去年行ったってことかな。(C)！**
(D) They've come back.

Yes/No疑問文は、質問の意味がわからないと解けないため、少しレベルが上がる。

攻略のポイント、学習の仕方は？

生徒：やっぱり英語って速いなぁ……。

Jay：まずはWH疑問文の聞き取りに注意しよう。Whereと聞こえれば、正解は場所に関するものだし、Whenと聞こえれば「いつ」という時に関するものだよね。How manyだったら数だし、Whoだったら人の名前を待てばいいよ。

生徒：そんなんでいいんですか？

Jay：まずはここからスタートでいいよ。

攻略ポイント：WH疑問詞をしっかり聞き取って、答えを待とう

生徒：何度聞いても聞き取れないときは、どうしたらいいでしょう？解説の英文を見たら意味がわかるんですよ。そんな自分に腹が立つんです。プンプンっ。

Jay：読めばわかるってことは、知識はあるってことだよね。それは素晴らしいことだよ。でも、聞いたらわからないというのは、やっぱり文字と音が結びついていないってことだよね。この知識とリスニングスキルのギャップはほとんどの人が持っているんだ。そして、このギャップがあるのは、とってもモッタイナイ。だって、すでに理解できるはずの能力は持っているんだから。

Part 2も問題を解いたあとで、英文すべてをしっかり声を出してリピートするといいよ。そのときは、徹底的にモノマネしよう。うまく言えるようになったら、自然と聞き取れるようになってくるよ。ちなみに、モノマネがうまい人は、上達が早いんだ。

生徒：マネなら得意です！ やってみます！

学習ポイント：英文を、モノマネして言ってみよう

3日目 WH疑問文

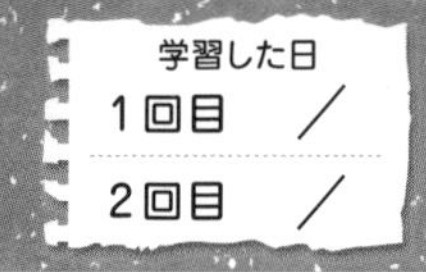

先頭の言葉を聞き逃さないこと！

「WH疑問文」とは「When（いつ）」「Where（どこ）」「Who（だれ）」「Whose（だれの）」「What（何）」「Why（なぜ）」「How（どうやって）」「How many（どのくらいの数）」などが使われる疑問文のことなんだ。

まずは、Part 2の問題を解いてみよう。

1. アメリカ　イギリス

(A) I bought it last week.
(B) At the new shop near the station.
(C) Yes, it's very warm.
(D) Because I like brown.　Ⓐ Ⓑ Ⓒ Ⓓ

2. オーストラリア　アメリカ

(A) Of course.
(B) No, it was 7 o'clock.
(C) I was very sick.
(D) By train.　Ⓐ Ⓑ Ⓒ Ⓓ

WH疑問文を聞き取るポイントは先頭だ。先頭を聞き逃したら、どうやっても解けなくなってしまうから、今日はいつもの「倍の集中力」で学習しよう。
(　　　　) did you buy your jacket? という質問が聞こえたとしても、(　　　　)を聞き取れないと答えが選べないんだ。「ジャケットを買ったこと」に関する質問は、疑問詞によってこんなにあるんだ。

1. **When** did you buy your jacket?（いつ）
2. **Where** did you buy your jacket?（どこで）
3. **How** did you buy your jacket?（どうやって）
4. **Why** did you buy your jacket?（なぜ）

人は最初の印象が大事なように、WH疑問文も最初の単語が大事なんだ。

 WH疑問文にYes/Noでは答えられない。その選択肢は不正解だ。✿♪

では、1問目を確認してみよう。
Where did you buy your jacket?（ジャケット、どこで買ったの？）

正解になるのは、「ジャケットを買った場所」だね。
(A) I bought it last week.（先週買った）
(B) **At the new shop near the station.（駅の近くの新しい店で）** 正解
(C) Yes, it's very warm.（はい、とても暖かいよ）
(D) Because I like brown.（茶色が好きだから）

(A)のlast weekは「いつ買ったのか」、つまりWhenに対する応答だから不正解。「どこ行くの？」「今でしょ！」じゃ、おかしいね。(B)の「駅近くの新しい店」は、まさに「場所」だね。そして、(C)は「とても暖かい」。この人は着心地を伝えたいのかな。でも、必要な情報は「場所」だから、違うよね。そもそも、「どこで」と聞いているのに、Yes（はい、そのとおり！）なんて答えはおかしい。WH疑問文に対して、Yes/Noで答えるのはルール違反だから、絶対に選んじゃダメだよ。(D)のBecauseはWhy（なぜ）に対する応答だから合わないね。

では、2問目。
Why were you **late** for class this morning?（今朝なぜ授業に遅刻してきたの?）

WhyとWhatは、先頭だけ聞けても答えられないんだ。「なんで？」とか「なに？」だけではどんな情報が来るかわからないからね。late（遅れる）まで聞けると、「遅刻の理由」を聞かれているとわかるよね。

応答を確認しよう。

WH疑問文はポイントがつかめれば解ける問題が多いよ

(A) Of course.（もちろんだ）
(B) No, it was 7 o'clock.（違うよ、7時だった）
(C) **I was very sick.（とても具合が悪かった）** 正解
(D) By train.（電車で）

(A)と(D)は遅刻の理由にはならないね。(B)のWhy（なぜ）に対するNo（いいえ、違います）はルール違反だね。(C)はsick、つまり病気だったんだ。ただの言い訳かもしれないけど、遅刻した理由としてはふさわしい。

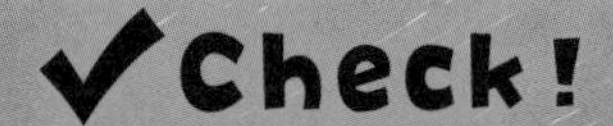

WH疑問文の聞き分けをマスターするためのトレーニングだよ。

1 聞き分けよう

02_03

1～3、4～6の質問文を聞いて、応答として適切なものを(A)～(C)から選んで、［　］に記号を書いてください。

1. [　　] **2.** [　　] **3.** [　　]

(A) I bought a music CD.

(B) I think John did.

(C) It's Maria's.

4. [　　] **5.** [　　] **6.** [　　]

(A) The one on the right.

(B) To ask for some advice.

(C) Next Saturday.

2 Howで始まる疑問文をやっつけよう！

02_04

How did you come here?（ここまでどうやってきましたか）のように、Howで聞かれている質問は基本的に方法が聞かれます。ただ、Howにいろいろなものがつくパターンもあります。How + αを含む疑問文**1**～**4**を聞いて、応答として適切なものを［　］に記入しましょう。

1. [　　] (A) About forty people.

2. [　　] (B) Eighty dollars.

3. [　　] (C) About thirty minutes.

4. [　　] (D) Once a week.

解答＋解説

1 (英文は質問文) (イギリス)

1. **Who** attended the meeting this morning? (今朝の会議にだれが出席しましたか)

[**B**] ジョンだと思います。

2. **What** did you order through the Internet? (インターネットで何を注文しましたか)

[**A**] 私は音楽CDを買いました。

3. **Whose** folder is this? (これはだれのフォルダですか)

[**C**] マリアのです。

(オーストラリア)

4. **Which bag** is yours? (どちらのかばんがあなたのですか)

[**A**] 右のです。

5. **When** are you returning from your trip? (いつ旅行から戻るのですか)

[**C**] 次の土曜日です。

6. **Why** did you see your manager? (なぜマネジャーに会ったのですか)

[**B**] 助言を求めるためです。

2 (英文は質問文) (アメリカ)

1. **How much** does this jacket cost? (このジャケットは**いくら**かかりますか)

[**B**] 80ドル。

2. **How many** people are there in your department? (あなたの部署には**何人**いますか)

[**A**] 約40人。

3. **How often** do you exercise? (**どのくらいの頻度で**運動をしますか)

[**D**] 週1回。

4. **How long** does it take from your house to the office? (家からオフィスまで**どのくらいの時間**がかかりますか)

[**C**] 約30分。

アドバイス

1

1.「だれ」に対する応答は(B)。(C)はWhose (だれの) への応答。
2.「何を注文したか」という意味まで理解する必要がある。注文した内容を答えているのは、(A)。
3.「だれの」に応じているのは(C)。WhoseとWho's(=is)は同じ発音のため、全体の意味で判断したい。
4.「どちらのかばんか」を答えているのは(A)。The one on the rightとは、The bag on the right (右にあるバッグ) の意味。
5.「いつ」を答えているのは(C)。
6.「マネジャーに会った理由」という細かい理解が必要。「〜するため」と理由を答えているのは(B)。

力だめし！

出題形式に沿った問題だ。実践で力を発揮できるか、やってみよう！

音声を聞き、適切な応答を選んでください。

□□ **1.** (A) Yes, it's a nice place.
(B) To Kyoto and Nara.
(C) Next month.
(D) I've never been there. Ⓐ Ⓑ Ⓒ Ⓓ

□□ **2.** (A) Isn't it Jack?
(B) No, it's interesting.
(C) Turn off the radio, please.
(D) Put it at the corner. Ⓐ Ⓑ Ⓒ Ⓓ

□□ **3.** (A) By renting DVDs.
(B) Twice a month.
(C) About two hours.
(D) I like action movies. Ⓐ Ⓑ Ⓒ Ⓓ

□□ **4.** (A) I went to the museum.
(B) On Saturday.
(C) No, I'm not.
(D) I had to work. Ⓐ Ⓑ Ⓒ Ⓓ

解答＋解説

1. [C] 難易度 ★★★ イギリス オーストラリア

When are you planning to visit Japan?
（いつ日本を訪問する予定ですか）

(A) はい、いい場所です。 (B) 京都と奈良へです。
(C) 来月です。 (D) そこへ行ったことはありません。

解説 When（いつ）がポイント。いつの予定かを答えているのは(C)。WHに対してYes/Noは絶対に正解にならない。(B)はWhere（どこ）への応答。

2. [**A**] 難易度 ★☆☆ (アメリカ)(イギリス)

Who wrote this memo on the board?

(掲示板のこのメモはだれが書いたのですか)

(A) ジャックではないのですか。　(B) いいえ、おもしろいです。

(C) ラジオを消してください。　(D) 角に置いてください。

解説 Who（だれ）がポイント。人の名前は(A)にしかない。(D)はWhere（どこ）への応答。(C)のラジオは全く無関係。

3. [**B**] 難易度 ★★☆ (オーストラリア)(アメリカ)

How often do you watch movies?

(どのくらいの頻度で映画を見ますか)

(A) DVDを借りることによってです。　(B) 月に2回です。

(C) 約2時間です。　(D) アクション映画が好きです。

解説 How oftenは「頻度」を問うもの。頻度を答えているのは(B)。(A)はHow（どうやって）への応答。(C)の時間の長さはHow longへの応答。(D)は好きな映画のため不可。

4. [**D**] 難易度 ★★☆ (イギリス)(オーストラリア)

Why did you change your weekend plan?

(なぜ週末の計画を変えたのですか)

(A) 美術館へ行きました。　(B) 土曜日です。

(C) いいえ、違います。　(D) 働かなくてはなりませんでした。

解説 Whyは質問の意味も理解する必要がある。「予定を変更した理由」がポイント。正解は(D)。Whyへの応答には、必ずしもBecauseが使われるわけではない。

4日目 Yes/No疑問文・選択疑問文

学習した日
1回目 ／
2回目 ／

「主語＋動詞」を中心にチェック

Yes/No疑問文は、質問の内容がわからないと解けないから、やや難易度が高くなるよ。選択疑問文は、A or Bという選択をさせる質問なんだ。何を選択させるかを聞き取らないと応答を選びようがないという意味では、やっぱり内容の聞きとりがポイントになるね。

サンプル問題

02_06

まずは、問題を解いてみよう。

1. アメリカ イギリス

(A) Yes, it was an interesting book.
(B) It's open from 9:00 to 7:00.
(C) Two books.
(D) No, I didn't have time.

Ⓐ Ⓑ Ⓒ Ⓓ

2. オーストラリア アメリカ

(A) About the new project.
(B) Earlier is better.
(C) Every Wednesday.
(D) You must arrive on time.

Ⓐ Ⓑ Ⓒ Ⓓ

Yes/No疑問文を攻略するポイントは「主語＋動詞＋α」だ。WH疑問文のように先頭だけ聞けても答えられない。冒頭でわかるのはDid you…?やWere you…?のように時制と主語だけ。本当の聞き取りのポイントはそのあとに続く内容だ。特に動詞を聞きもらさないよう注意しよう。

選択疑問文の場合は、選択させる２つの内容がポイントだ。たとえば、Should we send the document by e-mail or by fax?という質問の場合、ポイントは「e-mailかfaxか」という選択だね。基本的には、どちらかを選んでいる応答が正解になるよ。ただ、「どちらでもいい」とか「どちらもいらない」という応答も正解になりうるから、コミュニケーションが成り立つものを選べるようにしたいね。

では、**1問目**を確認してみよう。
Did you **go to the library** yesterday?（昨日、図書館に行きましたか）

「図書館に行ったかどうか」がポイントだよ。
(A) Yes, it was an interesting book.（はい、おもしろい本でした）
(B) It's open from 9:00 to 7:00.（9時から7時まで開いています）
(C) Two books.（2冊です）
(D) **No, I didn't have time.（いいえ、時間がありませんでした）** 正解

(A)はYesと答えているけど**続く内容がポイント**なんだ。「それはおもしろい本でした」では図書館に行ったかどうかの応答にはならないね。(B)の図書館の開館時間も応答としてはおかしい。(C)の「2冊」だけでは、図書館に行ったという応答にはならないよ。(D)のNoは「行かなかった」という意味だね。続けて「時間がなかった」と行かなかった理由が続いている。これが正解だね。Yes/No疑問文はこんな感じで、**質問の意味だけじゃなく、応答が質問にマッチするかまで理解しないと解けないんだ。**消去法も使おう。

では、**2問目。**
Should we have a meeting **tomorrow morning** or **afternoon**?
（会議は明日の午前中にしますか、それとも午後にしますか）

orでつながれている選択疑問文だね。選択の対象は、「tomorrow morningかafternoonか」だ。どちらかを選ぶか、どちらでもいいというか、聞き取れたかな。

(A) About the new project.（新しいプロジェクトについてです）
(B) **Earlier is better.（早いほうがいいです）** 正解
(C) Every Wednesday.（毎週水曜日です）
(D) You must arrive on time.（あなたは時間どおりに着かなければなりません）

(A) は会議の内容を、(D)は時間厳守だと述べていて応答にならないね。(B)はどちらかはっきりは答えていないけど、「早いほうがよい」ということは、つまり午前中を選んでいるよ。(C)は「いつにするか」っぽいけど、曜日を聞いているわけじゃないから応答にはならないよね。

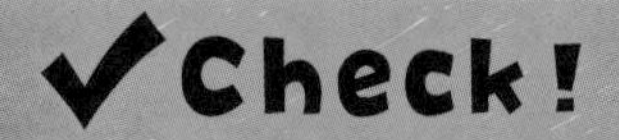

Yes/No疑問文・選択疑問文をマスターするためのトレーニングだよ。

1 書き取ろう

02_07

1～3（Yes/No疑問文）、4～6（選択疑問文）の質問を聞いて空欄を埋めてください。また、応答として適切なものを(A)～(H)から1つ選んで、[　　] に記号を書いてください。

1. Do you (　　　　　) (　　　　　　)? — [　　]

2. Isn't it (　　　　　) to (　　　　　) this (　　　　　　)? — [　　]

3. (　　　　　) (　　　　　) (　　　　　　) the (　　　　　) to the (　　　　　) today? — [　　]

(A) There's a manual here.　(B) No, we need to correct some errors.
(C) Yes, I like mystery novels.　(D) I'll use mine, thank you.

4. Would you (　　　　) (　　　) (　　　　) or (　　　　)? — [　　]

5. Do you (　　　) (　　　) (　　　　) (　　　　) for (　　　　), or are you (　　　　) (　　　　)? — [　　]

6. Is it (　　　　) (　　　　) or has the (　　　) (　　　　)? — [　　]

(E) Let's go now.　(F) Neither, thanks.
(G) He did it yesterday.　(H) Sorry, but I'm not sure.

解答+解説

1

イギリス

1. Do you **like reading**?
(読書は好き？)
[**C**] はい、ミステリーが好きです。

2. Isn't it **difficult** to **use** this **machine**？(この機械を使うのは難しくない？)
[**A**] ここにマニュアルがあります。

3. **Should we send** the **document** to the **clients** today?
(今日、顧客に書類を送る方がいいですか)
[**B**] いいえ、間違いを直す必要があります。
(D) 自分のを使います、ありがとう。

オーストラリア

4. Would you **like some coffee** or **tea**?
(コーヒーか紅茶はいかが？)
[**F**] どちらもいらない、ありがとう。

5. Do you **want to go out** for **lunch**, or are you **busy now**? (昼食に行く？ それとも今、忙しい？)
[**E**] 今、行きましょう。

6. Is it **raining outside** or has the **rain stopped**? (雨が降っている？それとも止んだ？)
[**H**] すみません、よくわかりません。
(G) 彼は昨日やりました。

アドバイス

1

1.「読むことが好き＝読書が好き」かどうかの質問。好きな分野を答えている(C)が適切。

2.「機械の使い方」に関する質問。Isn't it difficult to…？(～は難しくないですか）の答え方は、Is it difficult to …？(～は難しいですか）と同じだから、混乱しないように！「難しい」とうろたえているところに、マニュアルがあることを教えている(A)が適切。

3.「書類を送る」がポイント。資料に対して「間違いを直す必要がある」と答えている(B)が適切。なお、(D)の「自分のものを使います」は、どの質問にも対応しない。

4.「コーヒーか紅茶を飲むか」の選択に対して、「両方いらない」とつれない返事をしている(F)が適切。「どっちでもいいよ」という場合は、Either is fine.のように使うことも覚えておこう。

5.「お昼に行くか忙しい（＝行けない）か」の選択に対して、「今、行こう」と返している(E)が適切。断る場合は、基本的に理由が伝えられるよ。

6.「雨が降っているか止んだか」という選択。「わからない」と答えている(H)が適切。(G)の「彼は昨日やりました」は、どの質問にも対応しない。

力だめし！

出題形式に沿った問題だ。実践で力を発揮できるか、やってみよう！

音声を聞き、適切な応答を選んでください。

02_08

□□ **1.** (A) I already solved it.
(B) Yes, I often go on trips.
(C) No, not until Thursday.
(D) I don't like spicy food.
Ⓐ Ⓑ Ⓒ Ⓓ

□□ **2.** (A) No, I can't find it.
(B) I usually work for eight hours.
(C) Have you been there?
(D) No, but it'll be done by five o'clock.
Ⓐ Ⓑ Ⓒ Ⓓ

□□ **3.** (A) Yes, but I canceled the appointment.
(B) To the manager.
(C) No, he didn't.
(D) I didn't leave the message.
Ⓐ Ⓑ Ⓒ Ⓓ

□□ **4.** (A) I already ate lunch.
(B) I have some time.
(C) No, you must be in a hurry.
(D) Nice meeting you, too.
Ⓐ Ⓑ Ⓒ Ⓓ

解答＋解説

1. [B] 難易度 ★★★ アメリカ イギリス

Do you **like travelling**? （旅行をすることは好きですか）

(A) すでに解決しました。　(B) はい、よく旅行をします。
(C) いいえ、木曜日までありません。　(D) 辛い食べ物は好きではありません。

解説 「旅行が好きかどうか」という意味をつかめたかな？ (A)のsolveは「解決する」という意味で、travel（旅行）とtrouble（問題）を聞き間違えたら選んでしまうかも。(B)のYesは「旅行が好き」ということ。続く内容も旅行関係のた

め、これが正解。(C)のNoは「好きではない」という意味になるけど、その後の内容が旅行とは関係ないね。

2. [D] 難易度 ★★☆ (オーストラリア)(アメリカ)

Have you **finished your work**? (仕事は終わりましたか)

(A) いいえ、見つかりません。 (B) たいてい8時間働きます。

(C) そこに行ったことはありますか？ (D) いいえ、でも5時までには終わります。

解説 「仕事が終わったかどうか」に対して「いいえ」と答えたうえで「いつ終わるか」を伝えている(D)が正解。(A)は「いいえ」と答えているが、その後は無関係の応答だ。

3. [A] 難易度 ★★★ (イギリス)(オーストラリア)

Weren't you going to **leave the office early** today?

(今日は早くオフィスを出るのではなかったですか)

(A) はい、でも予約をキャンセルしました。 (B) マネージャーにです。

(C) いいえ、彼はしませんでした。 (D) 伝言を残していません。

解説 Weren't you…?という否定文に戸惑わないように！ 重要なのはそのあとの内容だ。「早く帰る」ことを確認しているのに対して、「なぜ早く帰らなかったか」を伝えている(A)が正解。

4. [B] 難易度 ★★☆ (アメリカ)(イギリス)

Do you **have time** now, or are you **busy**?

(今時間はありますか、それとも忙しいですか)

(A) もうランチを食べました。 (B) 少し時間があります。

(C) いいえ、あなたは急がなくてはいけません。(D) こちらこそお会いできてよかったです。

解説 選択疑問文だね。「時間があるか忙しい（＝時間がない）か」の選択。「時間がある」と答えている(B)が正解。選択疑問文は、基本的に(C)のようにYes/Noでは答えないんだ。それに内容の「あなたは急がなきゃいけない」も応答にならないね。

5日目 依頼・提案

学習した日
1回目 ／
2回目 ／

「依頼・提案」は表現が決まっている！

日本語でも「〜していただけますか」「〜はいかがですか」など、依頼や提案には決まった表現があるね。英語の場合は、冒頭で依頼（Could you…? / Would you mind…? など）や提案（Why don't you…? / Why don't we…?）などがわかるため便利だよ。応答にも決まり文句が多いのが特徴だ。

サンプル問題

02_09

まずは、依頼・提案の問題を解いてみよう。

1. オーストラリア アメリカ

(A) It's in the front.
(B) Sure, I'll do it now.
(C) The store closes at 8:00.
(D) A white shirt, please.

Ⓐ Ⓑ Ⓒ Ⓓ

2. イギリス オーストラリア

(A) Yes, I really enjoyed it.
(B) More than 20 people.
(C) Some parts are broken.
(D) Great. Let's invite some friends.

Ⓐ Ⓑ Ⓒ Ⓓ

依頼・提案を攻略するポイントは、「冒頭」だ。WH疑問文のように先頭だけ聞ければ答えられるものも多い。ただ、できればYes/No疑問文と同じように動詞＋αまで聞けるように意識しよう。そうすれば、ひねった応答にも対応できるよ。

Could you…? と聞こえたら、これは依頼だ。さらにSure.（もちろん）という応答があれば、これだけで正解なんだ。こういう簡単な問題ばかりじゃないけれど。Could you…? という疑問文に対しても、正解がJust press the button.（ボタンを押すだけです）なんてこともある。この場合は、Could you tell me how to use the photocopier?（コピー機の使い方を教えていただけませんか）という依頼に対して、「コピー機の使い方」が応答となっているんだ。

では、1問目を確認してみよう。

Could you close the door? (ドアを閉めていただけますか)

(A) It's in the front. (前にあります)

(B) **Sure, I'll do it now. (もちろん、今やります)** 正解

(C) The store closes at 8:00. (店は8時に閉まる)

(D) A white shirt, please. (白いシャツをお願いします)

(A)はドアの場所を伝えているだけで、応答には変だね。(B)はSure.(もちろん)という受け入れる場合の決まり文句で応じているから正解だ。(C)は質問にあるcloseという単語が使われているけど、内容は関係ない。(D)のシャツは全く関係ないね。ちなみに、頻出の依頼表現は次の2つだ。

- **Could you…? (〜していただけますか)**
  応答にはSure.がよく使われるよ。
- **Would you mind…? (〜していただけませんか)**
  mindは「嫌だ」という意味だから、受け入れるときはNoで答えるよ。

では、2問目。

Why don't we have a party this weekend? (今週末にパーティーを開きませんか)

「パーティーを開く」という意味も取れたらバッチリだ。

(A) Yes, I really enjoyed it. (ええ、本当に楽しかった)

(B) More than 20 people. (20人以上だ)

(C) Some parts are broken. (いくつかの部品が壊れている)

(D) **Great. Let's invite some friends. (すばらしい。友達を誘おう)** 正解

(A)は過去のことを答えているからダメだね。(B)はパーティーの人数っぽいけど、お誘いの応答にはならないよ。(C)はpartyと音が似ているpartsがあるけど、内容は関係ないね。(D)はお誘いを受け入れたうえで、「友達を誘おう」と提案を返しているね。これが正解。では、提案の表現を3つ確認しておこう。

- **Why don't you…? (〜したらいかがですか)**
  youだから、相手にその行動をうながしているよ。
- **Why don't we…? ((一緒に) 〜しませんか)**
  weだから、私たち一緒に、というお誘いだね。
- **Would you like…? (〜はいかがですか)**
  likeのあとにはtea (紅茶) とか、to read a book (本を読むこと) などが来る。

✔Check!

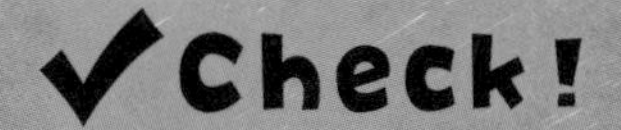

依頼・提案表現をマスターするためのトレーニングだよ。

1 書き取ろう

02_10

1～2（依頼表現）、3～5（提案表現）の質問を聞いて空欄を埋めてください。また、(A)と(B)の応答のうち、適切なものに○をつけてください。両方○の場合もあります。

1. (　　　　) (　　　　) (　　　　) (　　　　) your student card?

[　　] (A) Sure, here you are.

[　　] (B) Sounds good to me.

2. (　　　　) (　　　　) (　　　　) (　　　　) the (　　　　)?

[　　] (A) No problem.

[　　] (B) Not at all.

3. (　　　　) (　　　　) (　　　　) (　　　　) a (　　　　) tonight?

[　　] (A) Sorry, but I'm busy today.

[　　] (B) Because it's fun.

4. (　　　　) (　　　　) (　　　　) (　　　　) (　　　　) for lunch?

[　　] (A) Where are you going?

[　　] (B) I'd love to.

5. (　　　　) (　　　　) (　　　　) (　　　　) (　　　　)?

[　　] (A) No, thanks.

[　　] (B) How many do you need?

1

(アメリカ)

1. **Could you show me** your student card?
(学生証を見せていただけますか)
(A) ○ もちろん、はいどうぞ。
(B) × 私はいいと思います。

(オーストラリア)

2. **Would you mind opening** the **window**?(窓を開けていただけませんか)
(A) ○ 問題ありません。
(B) ○ もちろんです。

(イギリス)

3. **Why don't we see** a **movie** tonight?(今夜映画を見ませんか)
(A) ○ すみませんが、今日は忙しいです。
(B) × それがおもしろいからです。

(アメリカ)

4. **Why don't you join us** for lunch?(私たちと一緒にランチへ行きませんか)
(A) ○ どこへ行くのですか。
(B) ○ ぜひ。

(オーストラリア)

5. **Would you like some coffee**?
(コーヒーはいかがですか)
(A) ○ いいえ、結構です。
(B) × どのくらいの数が必要ですか。

アドバイス

1

1.「学生証を見せて」に対して応じているのは(A)のみ。

2.「窓を開けてください」に対して、両方とも受け入れているね。mindは「嫌だ」という意味だから、「全然嫌じゃないよ」というときはNoで応じるんだったね。

3.「一緒に映画にいこう」というお誘いだね。デートのときも使えるよ。(A)は断りの決まり文句。フラれちゃったみたいだね。(B)の理由は応答としては不適切。

4.今度は「ランチへのお誘い」だ。どこで食べるのかを聞いている(A)は適切だね。そして、(B)は受け入れる決まり文句だからこれも適切。

5.ウェイターやウェイトレスがよく言う表現だね。「ご一緒にポテトはいかがですか」みたいな使い方だ。断っている(A)は適切な応答。(B)はコーヒーと関係ないよ。

力だめし！

出題形式に沿った問題だ。実践で力を発揮できるか、やってみよう！

音声を聞き、適切な応答を選んでください。

02_11

□□ **1.** (A) The phone is out of order.
(B) About the new project.
(C) No, there are four of them.
(D) OK, but please wait for a moment.　　Ⓐ Ⓑ Ⓒ Ⓓ

□□ **2.** (A) Not at all.
(B) Near the airport.
(C) I already canceled it.
(D) For two nights.　　Ⓐ Ⓑ Ⓒ Ⓓ

□□ **3.** (A) It costs 30 dollars per month.
(B) It'll be fine today.
(C) Thanks, but I already read it.
(D) In the cabinet.　　Ⓐ Ⓑ Ⓒ Ⓓ

□□ **4.** (A) It'll be back this afternoon.
(B) I'll finish this document first.
(C) We need to repair it.
(D) For fifteen minutes.　　Ⓐ Ⓑ Ⓒ Ⓓ

解答＋解説

1. [D] 難易度 ★☆☆ （イギリス）（オーストラリア）

Could you bring me the file?　（ファイルを持ってきていただけませんか）

(A) 電話は故障中です。　(B) 新しいプロジェクトについてです。

(C) いいえ、4つあります。　(D) はい、でも少しお待ちください。

解説 「ファイルを持ってきてほしい」という依頼に対して、応じているのは(D)だね。(B)はファイルの内容かもしれないけど、依頼の応答にはならないよ。

2. [A] 難易度 ★★★ (アメリカ)(イギリス)

Would you mind making a hotel reservation for me?
(ホテルの予約を取っていただけませんか)

(A) いいですよ。 (B) 空港の近くです。
(C) すでにキャンセルしました。 (D) 2泊です。

解説 予約をお願いしているのに対して、親切に受け入れた(A)が正解だ。Would you mind…?とNot at all.はペアで覚えておこう。(B)の場所は予約と関係ないし、(C)の予約のお願いに対する「キャンセルした」は変だね。(D)の宿泊日数は、予約を引き受けたわけではないよね。

3. [C] 難易度 ★★★ (オーストラリア)(アメリカ)

Would you like to read today's newspaper? (今日の新聞を読みますか)

(A) ひと月30ドルかかります。 (B) 今日はいい天気になるでしょう。
(C) ありがとう、でももう読みました。 (D) 棚の中です。

解説 「新聞を読みますか」という提案だ。断る理由を伝えている(C)が正解。「すでに読んだ」なんて「できるビジネスパーソン」だね。(A)は月々の新聞代だから無関係。(B)は天気。(D)は新聞がある場所で応答にならないね。

4. [B] 難易度 ★★★ (イギリス)(オーストラリア)

Why don't you take a break? (休憩したらいかがですか)

(A) 午後に戻ってきます。 (B) この資料を先に終わらせます。
(C) 修理する必要があります。 (D) 15分間です。

解説 頑張り屋さんに向かって「休んだら?」なんて優しい言葉をかけているのかな。(B)は「休憩の前に資料を終わらせる」ってことだ。これが正解。(A)は何が戻ってくるのかよくわからない。(C)のrepair(修理する)はbreak(休憩)を「壊す」だと思った人が選んでしまう選択肢だね。(D)は休憩時間だと思ったら選んでしまうけど、休憩時間を聞いているわけじゃないからね。

6日目 報告・確認

学習した日
1回目 ／
2回目 ／

「Yes/No疑問文」の応用編

4日目に学習したYes/No疑問文は内容の理解がポイントだったね。質問だけでなく、応答も理解しなければ解けなかった。今日学習する「報告」「確認」も基本は同じ。聞き方のコツがわかれば、内容は難しくないからね。

サンプル問題

まずは、報告・確認の問題を解いてみよう。

1. アメリカ イギリス

(A) I don't usually write them.

(B) Thank you very much.

(C) 3 dollars by express mail.

(D) A pen and paper.

Ⓐ Ⓑ Ⓒ Ⓓ

2. オーストラリア アメリカ

(A) You should check the Web site.

(B) 10 A.M. to 6 P.M.

(C) Yes, I am.

(D) No, it takes longer than that.

Ⓐ Ⓑ Ⓒ Ⓓ

Yes/No疑問文と同様に、**報告・確認を攻略するポイントは、「主語＋動詞＋α」だ。**ただし、Yes/No疑問文のようにDid you…?やWere you…?では始まらない。報告の場合はI have finished my homework.（私は宿題を終えました）のように、確認の場合はYou have finished your homework, haven't you?のように、どちらも**「主語＋動詞」で始まる**のが特徴なんだ。

確認の場合は、最後にdon't you?やhave you?みたいなものがつくけれど、「ですよね？」という確認だというだけで大して重要じゃないから無視していい。

なお、**報告・確認で難しいのは、応答の選択だ。**コミュニケーションとして成り立つものを選ぼう。同じ単語が使われたからといって、正解とは限らないよ！

 報告と確認は、問題も選択肢も内容の理解が不可欠。✿♪

では、1問目。「手紙」が手渡されている状況だね。
Here're some letters for you. (あなた宛ての手紙です)

(A) I don't usually write them. (いつもは書かない)
(B) **Thank you very much. (本当にありがとう)** 正解
(C) 3 dollars by express mail. (速達で3ドルです)
(D) A pen and paper. (ペンと紙です)

手紙を渡してもらったことに対して「お礼」を伝えている(B)が正解。渡してもらったんだから、お礼を言うのが当然だ。(A)は手紙に関係があるけれど、応答にはならないね。(C)は郵便局で手紙を出す人に伝える内容だよね。(D)は手紙を書くときに必要なものというだけ。報告は質問に答えるわけではないから、意味を理解できないと消去法も使えない。「自分だったらどれを伝えるか」というバーチャルなコミュニケーションで切り抜けよう。

では、2問目。
The museum is closed on Monday, isn't it?
(美術館は月曜日は閉まっていますよね)

これを言う人は「確か美術館は月曜日が休みだ」と思っているけど、念のため確認しているんだね。closed on Mondayがキーフレーズだ。

(A) **You should check the Web site.** 正解
(ウェブサイトをチェックしたほうがいいよ)
(B) 10 A.M. to 6 P.M. (午前10時から午後6時です)
(C) Yes, I am. (はい、私はそうです)
(D) No, it takes longer than that. (いいえ、それよりも時間がかかります)

(A)の「ウェブサイトをチェックしたほうがいいよ」は、自分では答えられなくて確認を促しているから適切だね。(B)は営業時間だけど、閉館かどうかは答えていないよ。(C)は自分のことを答えているからズレている。ちなみに、Yes, it is.だったら正解になるよ。(D)は時間の長さを答えているけど、閉館とは関係ないね。

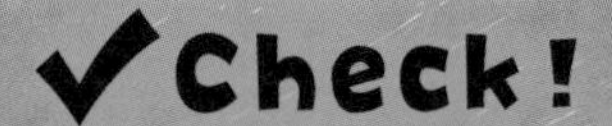

報告・確認表現をマスターするためのトレーニングだよ。

1 書き取ろう

02_13

1～3（報告）、4～6（確認）を聞いて空欄を埋めてください。また、応答として適切なものを(A)～(H)から１つ選んで、[　　] に記号を書いてください。

1. Paul (　　　　) (　　　　) this morning.
[　　]

2. This (　　　　) is (　　　　) (　　　　) (　　　　).
[　　]

3. (　　　　) (　　　　) to (　　　　) (　　　　) to the (　　　　).
[　　]

(A) How many do you need?　　(B) I've already done that, too.
(C) Let's call a repairperson.　　(D) I'll call him back.

4. (　　　　) (　　　　) to Singapore, (　　　　) (　　　　)?
[　　]

5. Jack (　　　　) (　　　　) to the (　　　　) (　　　　), (　　　　) he?
[　　]

6. The (　　　　) (　　　　) will be (　　　　) this (　　　　), won't (　　　　)?
[　　]

(E) According to the schedule, yes.　　(F) No, he has another appointment.
(G) Yes, I had a great time.　　(H) No, I went there last week.

1

イギリス

1. Paul **called you** this morning.（今朝、ポールから電話がきました）

[**D**] 彼に折り返し電話します。

2. This **printer** is **out of order**.（このプリンターは故障しています）

[**C**] 修理屋に電話しましょう。

3. **I'd like** to **buy tickets** to the **airport**.（空港行きのチケットが欲しいです）

[**A**] いくつ必要ですか？

(B) 私ももう、終えました。

オーストラリア

4. **You've been** to Singapore, **haven't you**?（シンガポールに行ったことありますよね）

[**G**] はい、とても楽しかったです。

5. Jack **can't come** to the **meeting today**, **can** he?（ジャックは今日、会議に来られませんよね）

[**F**] 来ません、彼は予定があります。

6. The **next meeting** will be **held** this **Friday**, won't **it**?（次の会議は今週金曜日ですね）

[**E**] スケジュールによると、そうです。

(H) いいえ、そこへは先週行きました。

アドバイス

1

1.「ポールから電話がきたよ」に対して、「折り返し電話する」と答えている(D)が適切。

2.「プリンターが故障中」という報告に対して、「修理工に電話しよう」という解決方法を伝えている(C)が正解。頼もしい人だね。

3.「空港行きのチケットが欲しい」とは、バスか電車のチケット売り場かな。枚数を確認している(A)が適切だね。

4.「シンガポールに行ったことあるよね」という確認だ。Yesと伝えたうえで、どうだったかの感想を伝えている(G)が適切だ。質問した人も行く予定なのかもね。

5.「ジャックが会議に来ない」ことの確認だね。No(来ない)と伝えたあとで、「どうして来ないか」の理由を伝えている(F)が適切だ。

6.「次の会議の日程」の確認だね。「スケジュールによると、そうです」と、相手の記憶が正しいことを伝えている(E)が正解だ。すっぽかしたら大変なことになるから、日程の確認は大切だ。

力だめし！

出題形式に沿った問題だ。実践で力を発揮できるか、やってみよう！

音声を聞き、適切な応答を選んでください。

02_14

□□ **1.** (A) I didn't order it.
(B) On the second floor.
(C) On your left.
(D) OK, let's walk.
Ⓐ Ⓑ Ⓒ Ⓓ

□□ **2.** (A) No, this is old.
(B) Is it cold?
(C) Didn't you buy it?
(D) I prefer the other one.
Ⓐ Ⓑ Ⓒ Ⓓ

□□ **3.** (A) Yes, she studied it at college.
(B) In Europe.
(C) Through a travel agent.
(D) No, I've never been there.
Ⓐ Ⓑ Ⓒ Ⓓ

□□ **4.** (A) He lives near the office.
(B) It's Wednesday today.
(C) No, he's on vacation.
(D) Yes, by tomorrow.
Ⓐ Ⓑ Ⓒ Ⓓ

解答＋解説

1. [D] 難易度 ★★★ アメリカ イギリス

The escalator is out of order now.（エスカレーターは今、故障中です）

(A) それを注文していません。 (B) 2階です。
(C) あなたの左側です。 (D) わかりました、歩きましょう。

解説 エスカレーターが故障しているという報告だ。修理についての答えはなかったね。「歩こう」つまり階段で行こうと代案を伝えている(D)が正解。orderという単語だけで(A)を選ばなかったかな。

2. [**B**] 難易度 ★★★ (オーストラリア)(アメリカ)

You should wear a jacket outside. （外ではジャケットを着たほうがいいです）

(A) いいえ、これは古いです。　(B) 寒いですか。

(C) それを買わなかったのですか。　(D) もう1つのもののほうがいいです。

解説「ジャケットを着たほうがいい」というアドバイスだね。「何でジャケットを着たほうがいいのか」を確認している(B)が適切な応答だ。「ジャケットを着る」＝「寒いから」というのが関連づけられたかな。

3. [**A**] 難易度 ★★☆ (イギリス)(オーストラリア)

Hanna speaks French, doesn't she? （ハナはフランス語を話せますよね）

(A) はい、彼女は大学で勉強しました。　(B) ヨーロッパです。

(C) 旅行会社を通してです。　(D) いいえ、そこに行ったことはありません。

解説「フランス語を話せる」という内容の確認だ。話せる理由を伝えている(A)が正解。大学で勉強しただけで話せるなんて、英語とフランス語は言語が似ているからかな。うらやましい！ (D)のNoは「話せない」という意味になるけど、その後の内容がハナとは関係ないよ。

4. [**C**] 難易度 ★★☆ (アメリカ)(イギリス)

George won't come to the office today, will he?
（ジョージは今日、オフィスに来ませんよね）

(A) 彼はオフィスの近くに住んでいます。　(B) 今日は水曜日です。

(C) 来ません、彼は休暇中です。　(D) はい、明日までに。

解説「同僚がオフィスに来ない」という内容を確認している。「来ませんよね」に対して、「来ません」という場合にはYesではなく、Noを使うよ。さらに、「なぜ来ないか」という理由を伝えている(C)が正解だ。

リスニング徹底トレーニング

Part 2は短いからまだいいのですが、Part 3-4のような長い英文は、やっぱり聞いているうちにわからなくなってしまいます。

「リスニングが苦手」には2種類あるんだ。1つは「文字を読んでもわからないから、聞いても意味がわからない」というもの。読んでわからないものはいくら聞いてもわからない。この場合は、読んでわかる程度に英語力を高めないことには、聞けるようにはならないよ。

そして、もう1つが「読めばわかるのに、聞くとわからない」ということ。聞いてもわからなかったけれど、英文を確認したら「なんだ、こんな簡単なことだったのか……」とがっかりしたことはないかな？ 悔しいんだよね。この「読めるのに聞けない」というギャップを埋めるには、トレーニングが効果的だよ。ここまで解いた英文を使って、トレーニングしてみよう！

1. 英文と日本語訳を読んで100％理解する。
2. 英文を見ながら音声を聞く（1回）
3. 英文を見ずに音声を聞く（2回：意味を理解すること）
4. 英文を見ながら音声と一緒に声を出す（2回：ピッタリ重ねてみよう）

この5回1セットを朝・晩1セットずつ行うと、単語力・表現力・リスニング力・ストーリーで理解する力が徐々に上がってくるよ。

リスニング

Part 3

会話問題

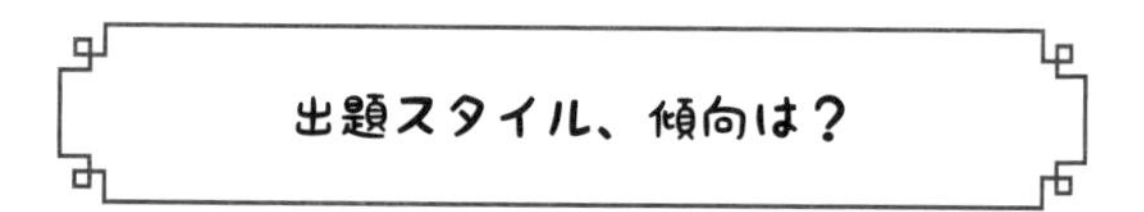
出題スタイル、傾向は？

会話問題では、2人の会話が出題される。話題は日常とビジネス系。1つの会話を聞いて、2つの問題に答えるよ。問題タイプは「どこで」「だれが」「何について」などの概要や目的を問うものと、より具体的な内容の聞き取りを求めるものがある。そして、後半には図表と会話の内容を関連づけて解くものも出題される。

03_01

1. Where are the speakers?　**どこにいるか（場所）が問われている！**

(A) At a hotel.　(B) On a train.

(C) At an office.　(D) In a taxi.

2. What is the problem?　**何か問題が起こっているんだね！**

(A) A road is closed.　(B) It is raining hard.

(C) Rooms are fully booked.　(D) Tickets are sold out.

〈音声問題文〉

Questions 1 and 2 refer to the following conversation.

W: Excuse me, can you take me to the Grand Hotel on Bathurst Street?

1. 車っぽいから、(D)だ！

M: Sure. Main Avenue is closed now, so we'll take another road.

W: OK. That won't take too long.

2. 通りが通行止めってことは(A)だ！

・図表を含む問題の例　(音声はありません)

MENU	
Original Waffle	$ 9.99
Cheese Burger	$10.99
Loco Moco	$11.99
Garlic Shrimp	$13.99

会話の中でヒントになるのは、
選択肢に載っていない情報が
多い！

Look at the menu. What will the speakers probably order?

(A) Original Waffle.　(B) Cheese Burger.

(C) Loco Moco.　(D) Garlic Shrimp.

攻略のポイント、学習の仕方は？

生徒：長くなると聞き取りにくいなぁ……。
Jay：設問と選択肢は問題冊子に印刷されているので、設問だけでも先に読んでおくといいよ。ただし、素早く読まないといけない。

攻略ポイント：設問を先に読んでおく

設問が「会話の場所」「話している人物」「話題」に関するものだったら、冒頭をしっかり聞けば答えがわかるよ。それから、設問が具体的な内容だったら、その情報を待ち伏せしてピンポイントで特定しよう。

概要問題は冒頭を聞き取る

W: Excuse me, can you take me to…
M：********************
W：********************

詳細問題はピンポイントで聞き取る

生徒：あと、Hotelとかclosedとかanother roadとか、簡単な単語やフレーズを聞き取ることはできるのですが、話の内容を聞き取れるようになるにはどうしたらいいですか？
Jay：日常やビジネスの話題と聞くと無限にありそうだけど、実は同じようなやり取りが多いんだ。依頼をしたり、提案をしたり、問題を伝えたり。だから、まずはストーリーに慣れることが必要だね。
問題を解き終わったら、答え合わせをするだけで終えずに、必ず英文と日本語訳をしっかり確認しよう。そのあとで、トレーニングだ。1つの会話につき、5回1セットで「3回聞く＆2回リピート」を行うといいよ。

学習ポイント：会話を反復学習して
ストーリーをインプット！

7日目 2人の会話

学習した日
1回目 ／
2回目 ／

「連想ゲーム」と「もぐらたたき」で攻略！

「会話の場所」や「人物の職業」に関する問題は必ず出る。聞き取りのポイントは、使われている単語やフレーズからの連想だよ。それから、「何」「いつ」「どこ」「どうやって」「なぜ」が具体的に問われている場合、求められるスキルは、ピンポイントで聞き取る「もぐらたたき」だ。いずれも何が問われているかを確認してから聞くと聞きやすいから、先に問題を読んでおこう。

サンプル問題

まずは、問題を解いてみよう。

1. Where are the speakers?

(A) At a music shop.
(B) At a station.
(C) At a library.
(D) At a computer shop.　　Ⓐ Ⓑ Ⓒ Ⓓ

2. When will the man return?

(A) On Monday.
(B) On Tuesday.
(C) On Wednesday.
(D) On Thursday.　　Ⓐ Ⓑ Ⓒ Ⓓ

答えを特定できたかな？　全部を聞けなくても、**キーワードさえわかれば解けるよ。**特に概要に関する問題は、「冒頭」をしっかり聞き取ろう。先に設問を読んでおくと、途中で話がわからなくなってしまっても、求められている情報だけ聞き取れれば正解できるよ。

では、内容を確認してみよう。〈アメリカ イギリス〉

Questions 1 and 2 refer to the following conversation.
M: Excuse me, I'm looking for a book called *the history of African music*, but someone has been borrowing it.
W: Let me check with the computer. *The history of African music*… Oh, it'll be returned on Thursday.
M: I'll be back then. Can I reserve the book?

問1-2は次の会話に関するものです。
男：すみません、『アフリカ音楽の歴史』という本を探しているのですが、だれかがそれを借りているんです。
女：コンピュータで確認させてください。『アフリカ音楽の歴史』…、あぁ、木曜日に返却される予定ですよ。
男：そのときにまた来ます。その本を予約できますか。

1. 話し手はどこにいますか。
(A) 音楽ショップ。 (B) 駅。
(C) **図書館。** 正解 (D) コンピュータショップ。

会話の場所が問われている。男性の発言にI'm looking for a book...（本を探している）とあるね。選択肢の中で本に関係があるのは(C)の図書館しかないね。ちなみに、会話にはlibraryという単語は登場していない。これが連想問題の特徴なんだ。

2. 男性は、いつ戻ってきますか。
(A) 月曜日。 (B) 火曜日。
(C) 水曜日。 (D) **木曜日。** 正解

いつ戻ってくるか、という具体的な情報（曜日）が問われているね。後半に女性がit'll be returned on Thursday（木曜日に戻ってくる）と伝えたあと、男性がI'll be back then.（そのときにまた来ます）と述べていることからも、男性が戻ってくるのも(D) Thursdayだ。

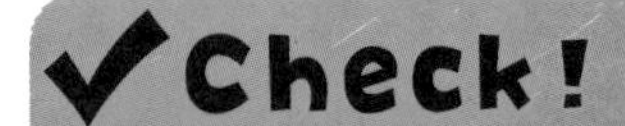

会話の聞き取りをマスターするためのトレーニングだよ。

1 連想しよう

03_03

3つの語句を聞いて、**1**と**2**は連想できる場所を、**3**と**4**は連想できる人を語群から選んで書いてください。

1. (   )

2. (   )

語群：airport / clothing store / fitness center / hotel

3. (   )

4. (   )

語群：chef / dentist / mechanic / travel agent

2 特定しよう

03_04

1と**2**は求められている情報を聞き取って、情報をカッコに記入してください。**3**と**4**は会話を聞いて、正しい内容に○をつけてください。

1. [When?] The post office will close at (   ) on Saturday.

2. [Where?] The man will go on a business trip to (   ).

3. What will the speakers do next week?
[   ] Eat at a restaurant.
[   ] Visit Italy.

4. Why will the man go to the store?
[   ] To buy a jacket.
[   ] To exchange an item.

解答+解説

1

1. hotel（ホテル） 2. clothing store（洋服店） 3. mechanic（修理工） 4. dentist（歯科医）

2

1. **5：00**（郵便局は土曜日は**5時**に閉まる）

2. **Korea**（男性は出張で**韓国**に行く）

3. 話し手は来週、何をしますか。

[○] レストランで食事をする。

[×] イタリアを訪れる。

4. 男性はなぜ店に行きますか。

[×] ジャケットを買うため。

[○] 品物を交換するため。

アドバイス

聞いた音声を確認しよう。

1 （イギリス）

1. reservation（予約）/check-in time（チェックインの時間）/room key（部屋の鍵）
2. looking for a jacket（ジャケットを探している）/out of stock（在庫切れ）/new shipment（新たな発送〈入荷〉）
3. broken（故障して）/repair your car（車を修理する）/replace the battery（バッテリーを交換する）
4. appointment（予約）/brush your teeth（歯を磨く）/checkup（検診）

2

1. （オーストラリア）（イギリス）

M: Do you know what time the post office closes on Saturdays? Is it 6:00?

W: No, it's open until 5:00 on Saturdays.

M: 土曜日に郵便局が何時に閉まるか、知っていますか。6時ですか。

W: いいえ、土曜日は5時まで開いています。

2. （イギリス）（アメリカ）

W: Jack, I haven't seen you for a while. Have you been out of town?

M: Yes, I've just come back from Singapore, but I need to go to Korea next week.

W: ジャック、しばらく会わなかったわね。町から出ていたの?

M: ああ、ちょうどシンガポールから戻ったところだよ。でも、来週は韓国へ行く必要があるんだ。

3. （オーストラリア）（イギリス）

M: Have you heard that the new Italian restaurant is very good?

W: Oh, really? Let's go there next week!

M: 新しいイタリアンレストランがとてもいいって聞いた?

W: まあ、そうなの? 来週そこへ行きましょうよ!

4. （アメリカ）（イギリス）

M: I bought this jacket at Dotson's Clothing, but it's too small. I'll go back and exchange it for a larger size.

W: You should. But don't forget to take a receipt with you.

M: このジャケットをドットソン衣料店で買ったんだけど、小さすぎたんだ。戻ってもっと大きなサイズに交換してもらうつもりだよ。

W: そうすべきね。でもレシートを持っていくのを忘れないで。

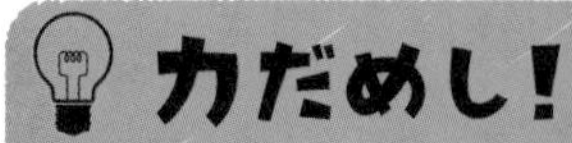

出題形式に沿った問題だ。実践で力を発揮できるか、やってみよう！

音声を聞き、適切な応答を選んでください。

03_05

□□ **1.** Where are the speakers?

(A) At a grocery store.
(B) At a bakery.
(C) At a bookstore.
(D) At a florist. Ⓐ Ⓑ Ⓒ Ⓓ

□□ **2.** How much will the man pay?

(A) $40.
(B) $50.
(C) $60.
(D) $70. Ⓐ Ⓑ Ⓒ Ⓓ

□□ **3.** What are the speakers discussing?

(A) A report.
(B) A meeting.
(C) A product.
(D) A system. Ⓐ Ⓑ Ⓒ Ⓓ

□□ **4.** What will the speakers do next?

(A) Reschedule a meeting.
(B) Contact a coworker.
(C) Order an item.
(D) Review contents. Ⓐ Ⓑ Ⓒ Ⓓ

オーストラリア イギリス

Questions 1 and 2 refer to the following conversation.

M: Excuse me, I'd like to send a bouquet of flowers to my boss for her retirement.

W: Here's the catalog, and you can choose the one you like.

M: I'd like this bouquet with some beautiful flowers. How much is this?

W: It's 60 dollars.

問1-2は次の会話に関するものです。

M: すみません、上司が定年退職するので花束を贈ろうと思っているのですが。

W: ここにカタログがあります。お好きな1つを選べますよ。

M: 美しい花々でできたこの花束がいいです。これはいくらですか。

W: 60ドルです。

1. [**D**] 難易度 ★☆☆

話し手はどこにいますか。

(A) 惣菜店に。

(B) パン屋に。

(C) 本屋に。

(D) 花屋に。

解説 会話の場所が問われているね。男性がsend flowersしたいと言っている。これが何よりのヒントだね。後半のbouquetやbeautiful flowersという表現からも、ここは(D)の花屋だ。

2. [**C**] 難易度 ★☆☆

男性はいくら支払いますか。

(A) 40ドル。

(B) 50ドル。

(C) 60ドル。

(D) 70ドル。

解説 「いくら払うか」という金額をピンポイントで聞き取る必要があるよ。最後に女性が伝えていたIt's 60 dollarsが聞き取れたかな。正解は(C)だ。

アメリカ　イギリス

Questions 3 and 4 refer to the following conversation.

M: Paula, have you received the sales report from Jack? We need to send everything to the marketing department by tomorrow.

W: No problem! He sent it to me a while ago, and now I'm going to print it out.

M: Oh, good. Let's review the contents right away.

問3-4は次の会話に関するものです。

M: ポーラ、ジャックから売上報告を受け取りましたか。我々はマーケティング部に明日までにすべて送らなければなりません。

W: 問題ありません！ 彼はしばらく前にそれを私に送り、今、私が印刷しようとしています。

M: あぁ、いいですね。すぐに内容を確認しましょう。

3. [A] 難易度 ★☆☆

話し手は何を話し合っていますか。

(A) レポート。

(B) 会議。

(C) 製品。

(D) システム。

解説 話題が問われているね。冒頭で男性がreceived the reportしたかどうかを聞いている。これが話題だね。正解は(A)。しっかり聞き取れたかな？

4. [D] 難易度 ★★☆

話し手は次に何をしますか。

(A) 会議の予定を変更する。

(B) 同僚に連絡する。

(C) 品物を注文する。

(D) 内容を確認する。

解説 話し手が次に何をするかについては、会話の後半で出てくるよ。女性がprint it out（それを印刷する）と言ったのに対して、男性が提案している内容がLet's review the contents（内容をチェックしましょう）だ。次に行うのは(D)だ。

8日目 図表を含む会話

学習した日
1回目 ／
2回目 ／

会話の内容と図表の情報を「関連」させて攻略！

Part 3の最後の2セットに登場するのが、図表を含む問題だ。これは、図表の情報と会話の情報を関連させて解くため、少しだけ複雑になるよ。情報のつかみ方に慣れてしまおう！

03_06

まずは、問題を解いてみよう。

Express Train
10:00 A.M. Express 301
11:30 A.M. Express 302
1:15 P.M. Express 303
2:30 P.M. Express 304

1. Why will the speakers go to Tokyo?
(A) To look for an apartment.
(B) To have job interviews.
(C) To visit some friends.
(D) To attend a conference.
Ⓐ Ⓑ Ⓒ Ⓓ

2. Look at the schedule. Which train will the speakers probably reserve?
(A) Express 301.
(B) Express 302.
(C) Express 303.
(D) Express 304.
Ⓐ Ⓑ Ⓒ Ⓓ

図表と関連させて解く問題の設問には、Look at…（～を見てください）という指示があるよ。ただし、選択肢に並ぶ情報は基本的に会話に出てこないから、会話の内容と図表の情報を関連付ける必要があるよ。

では、確認してみよう。

イギリス オーストラリア

Questions 1 and 2 refer to the following conversation and schedule.

W: Robert, have you bought an express ticket for the conference in Tokyo?

M: Not yet, but I prefer to arrive a little early so that I can relax at a hotel before dinner.

W: That's a good idea. Why don't we take the same train? Here's the train schedule.

M: Thanks. Hmm…how about the first one in the afternoon.

問1-2は次の会話と予定表に関するものです。

W: ロバート、東京での会議のための特急券を買ってある？

M: いや、まだだ。でも夕食前にホテルでリラックスできるように、少し早く到着するほうがいいな。

W: それはいい考えね。同じ電車に乗らない？ これが列車の時刻表よ。

M: ありがとう。う～ん、午後の最初のはどう？

1. 話し手はなぜ東京へ行きますか。

(A) アパートを探すため。　(B) 仕事の面接を受けるため。

(C) 友人たちを訪ねるため。　(D) **会議に参加するため。** 正解

東京に行く理由が問われているね。冒頭の女性がチケットを買ったかどうか聞いていて、その目的がfor the conference in Tokyoとある。つまり、会議に参加するために東京へ行くということだから、正解は(D)の「会議に出席するため」だ。

2. 時刻表を見てください。話し手はどの電車をおそらく予約するでしょうか。

(A) 特急301号。　(B) 特急302号。

(C) **特急303号。** 正解　(D) 特急304号。

時刻表を見るように指示があるから、図表問題だよ。このタイプの問題は、選択肢に並ぶ情報がそのまま会話で言われることはないんだ。選択肢に並ぶのは特急の番号だね。後半で女性が、Here's the train schedule.（はい、電車の時刻表）と渡したあと、男性がhow about the first one in the afternoon?（午後の最初の電車でどうですか）と提案している。「午後の最初の電車」を確認すると、1:15 P.M.のものだとわかる。その特急番号は(C) Express 303だね。

Check!

図表問題をマスターするためのトレーニングだよ。

1 関連付けて聞き取ろう

03_07

図表を見ながら会話を聞いて、求められている情報を特定してください。

1.

Receipt	
Salad (2)	$8.00
Cheese Hamburger	$12.00
Chicken Hamburger	$10.00
Orange Juice (3)	$15.00
Total	$45.00

Look at the receipt. What amount is wrong?

(A) $8.00.

(B) $12.00.

(C) $10.00.

(D) $15.00.

2.

Plan
Step 1. Brainstorming
Step 2. Market Research
Step 3. Event Planning
Step 4. Advertising

Look at the plan. Which step are the speakers mainly discussing?

(A) Step 1.

(B) Step 2.

(C) Step 3.

(D) Step 4.

1

1. (D) 15.00ドル

レシート	
サラダ (2)	$8.00
チーズハンバーガー	$12.00
チキンハンバーガー	$10.00
オレンジジュース (3)	$15.00
合計	$45.00

レシートを見てください。どの金額が間違っていますか。

2. (C)ステップ3

計画
ステップ 1. ブレーンストーミング
ステップ 2. 市場調査
ステップ 3. イベントの計画
ステップ 4. 広告

計画を見てください。話し手は主にどのステップについて話していますか。

アドバイス

聞いた音声を確認しよう。

1. (アメリカ)(イギリス)

M: Look, this is wrong. We ordered only two cups of orange juice.

W: Oh, you're right. Let's go talk to a cashier for a refund.

M: 見て、これ間違っているよ。僕たちはオレンジジュースを2つだけ頼んだんだ。

W: ああ、そのとおりです。払い戻しのためにレジへ話しに行きましょう。

男性がthis is wrong.と間違っていることを指摘しているよ。さらに、注文したのはtwo cups of orange juiceと言っている。レシートを見ると、Orange Juiceが(3)になっている。オレンジジュースの金額が間違っていることになるから、正解は(D) $15.00だ。

聞いた音声を確認しよう。

2. (イギリス)(オーストラリア)

W: Kazu, are we on schedule? After the market research was done, we haven't heard anything.

M: Don't worry, Jessica. We've reserved the event hall for August 9, and now we're designing the contents of the event.

W: カズ、スケジュールどおりに進んでいる? 市場調査が終わったあと、私たちは何も聞いていないよ。

M: 心配しないで、ジェシカ。8月9日にイベントホールを予約しました。現在、イベントの内容を設計しています。

どのステップについて話しているかが問われているね。Step 1から4という表現は出ないから、内容を聞かないと解けないよ。女性がmarket researchが終わったあと、何の連絡もないことを心配している。それに対して男性がDon't worryと、現状の説明を加えている。market researchがStep 2で、そのあとの内容の説明だから、正解は(C) Step 3だ。

力だめし！

出題形式に沿った問題だ。実践で力を発揮できるか、やってみよう！

音声を聞き、適切な応答を選んでください。

03_08

Price List	
People	Price
Up to 10	$100
11 to 20	$180
21 to 30	$260
30 to 40	$340

1. Why will the event be held?

(A) To celebrate the anniversary.

(B) To thank employees.

(C) To promote a product.

(D) To welcome staff.

2. Look at the price list. How much will the speaker probably pay?

(A) $100.

(B) $180.

(C) $260.

(D) $340.

□□

Presentation	
Monday	Smartphone app
Tuesday	Security system
Wednesday	Online banking
Thursday	Internet advertising

3. Look at the schedule. What will the man talk about in the conference?

(A) A smartphone app.

(B) A security system.

(C) Online banking.

(D) Internet advertising.

4. What does the man ask the woman to do?

(A) Reserve a meeting room.

(B) Review presentation slides.

(C) Set up a projector.

(D) Send him a document.

(イギリス)(アメリカ)

Questions 1 and 2 refer to the following conversation and price list.

W: Jeff, why don't we have some food delivered to the welcome party for new employees? Here's the price list.

M: Sounds good. How many people will attend the party?

W: We'll have about 25, including the president and our team.

M: Then let's go for this option.

問1-2は次の会話と価格表に関するものです。

W: ジェフ、新入社員のための歓迎会のために食事を届けてもらえない？ これが価格表よ。

M: いいですね。そのパーティーには何人集まるんですか。

W: 社長と私たちのチームを含めて約25人よ。

M: それならこのオプションにしましょう。

価格表	
人数	価格
10人まで	100ドル
11～20人	180ドル
21～30人	260ドル
30～40人	340ドル

1. [D] 難易度 ★★☆

なぜイベントが開催されるのですか。

(A) 記念日を祝うため。

(B) 従業員に感謝するため。

(C) 製品を宣伝するため。

(D) スタッフを歓迎するため。

解説 イベントが開催される理由が問われている。冒頭で女性が食べ物を配達について、to the welcome party for new employeesと言っていたよ。employeesをstaffと言い換えている(D)が正解。

2. [C] 難易度 ★★

料金表を見てください。話し手はおそらくいくら支払いますか。

(A) 100ドル。

(B) 180ドル。

(C) 260ドル。

(D) 340ドル。

解説 リストを見ながら答える問題だね。いくら払うかが問われている。リストには左側に人数、右側に価格が書かれているから、人数から判断すると推測できたかな。男性がHow many people…?と人数を聞いたのに対して、女性がabout 25と答えている。25人は21 to 30に含まれるから、正解は(C) $260だ。

(イギリス)(オーストラリア)

Questions 3 and 4 refer to the following conversation and schedule.

W: Hi, Jack. Are you going to make a presentation in the conference?

M: Yes, I'm going to talk on Tuesday. I'm still preparing for it.

W: If you need any help, just let me know.

M: Thanks. Actually, I would appreciate it if you could check the slides and see if they are easy to understand.

問3-4は次の会話と予定表に関するものです。

W: こんにちは、ジャック。 会議でプレゼンテーションを行いますか。

M: はい、火曜日に話します。 まだ準備中です。

W: 助けが必要な場合は、私に知らせてください。

M: ありがとうございます。 実際、スライドを確認し、理解しやすいかどうかを確認していただければ幸いです。

プレゼンテーション	
月曜日	スマートフォンアプリ
火曜日	セキュリティシステム
水曜日	オンラインバンキング
木曜日	インターネット広告

3. **[B]** 難易度 ★★★

スケジュールを見てください。 会議で男性は何について話しますか。

(A)スマートフォンアプリ

(B)セキュリティシステム

(C)オンラインバンキング

(D)インターネット広告

解説 スケジュールを見ながら答える問題。男性がカンファレンスで話す内容について問われている。曜日を聞き取って、内容を特定できたかな。男性がI'm going to talk on Tuesday.と火曜日に話すことを伝えているから、正解は(B)のA security systemだ。

4. **[B]** 難易度 ★★★

男性は女性に何をするように頼みますか。

(A)会議室を予約する。

(B)プレゼンテーションスライドを確認する。

(C)プロジェクターをセットアップする。

(D)彼に文書を送る。

解説 男性の依頼表現を特定しよう。最後にI would appreciate it if you could…（～していただけるとありがたい）と述べて依頼しているのはcheck the slidesだ。正解は(B)。checkをreviewと言い換えているよ。

リスニング

Part 4

説明文問題

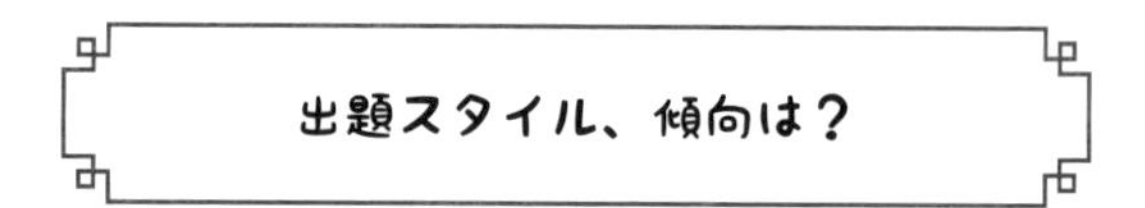

出題スタイル、傾向は？

説明文問題では、1人のトークが出題される。基本的な聞き方や解き方はPart 3（会話問題）と同じだ。話題も日常とビジネス系。1つのトークを聞いて、2つの問題に答える。問題タイプは概要や目的を問うものと、より具体的な内容を問うもの。そして、後半には図表と会話の内容を関連づけて解くものも出題される。

04_01

1. Why is the speaker calling?　**電話の目的だ！**

(A) To ask for directions.　(B) To confirm an order.

(C) To report a problem.　(D) To arrange a transportation.

2. What will probably happen at 3:00?　**3時がキーワードだ！**

(A) A bus will leave the airport.　(B) A meeting will start.

(C) A store will be closed.　(D) A package will be delivered.

〈音声問題文〉　**1. 電車の遅れだから、(C) 問題の報告だ！**

Questions 1 and 2 refer to the following telephone message.

Hi, John. This is Maria. I'm at the airport, but the train has been delayed due to this heavy rain. Can we reschedule the one-o'clock meeting to 3:00? I'll be able to get to the office by 2:30 at the latest.

2. 3時に会議を変更したいってことは、(B)だ！

・図表を含む問題の例　(音声はありません)

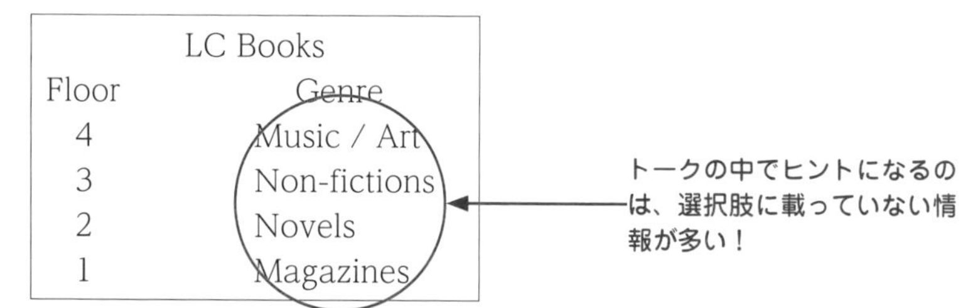

LC Books

Floor	Genre
4	Music / Art
3	Non-fictions
2	Novels
1	Magazines

トークの中でヒントになるのは、選択肢に載っていない情報が多い！

Look at the directory. Which floor will the listener probably go to?

(A) First floor.　(B) Second floor.

(C) Third floor.　(D) Fourth floor.

攻略のポイント、学習の仕方は？

生徒：会話のやり取りがあるほうが聞きやすい気がするなぁ……。
Jay：会話のほうがマシという人もいるし、トークのほうがマシという人もいるよ。基本的な攻略ポイントは会話問題と同じく、設問を読んでおくことだ。

概要問題は冒頭を聞き取る

W: …I'm at the airport, but…
M：*******************
W：*******************

詳細問題はピンポイントで聞き取る

生徒：会話との流れに違いってあるんですか？
Jay：いい質問だね。トークには典型的な型があったり、そのまま使われる慣用表現が多かったりするんだ。たとえば、留守番電話であれば、まず「名乗る」よね。そして、電話をかけた「目的」を伝えて、「具体的な内容」へと入る。そして、最後に「しめる」という感じだ。アナウンスやニュースなども、トーク別に似た流れがある。会話問題と同様に、英文と日本語訳を確認した後は、しっかりとトレーニングをしよう。5回1セットで「3回聞く＆2回リピート」で、トークの流れをつかもう。

学習ポイント：トークを反復学習して型や慣用表現をインプット！

9日目 1人のトーク

学習した日
1回目 ／
2回目 ／

こちらも「連想ゲーム」と「もぐらたたき」で攻略！

会話問題と同様に、1人が話すトークでも「連想ゲーム」で解く問題が出るよ。「場所」「話している人物の職業」「トピック」について、聞き取れた語句から連想する問題を攻略しよう。また、具体的な内容が問われている場合は「何となく」の理解では答えることができない。求められている情報をしっかりと事前に読んでおくことで、「もぐらたたき」の精度を上げていこう。

サンプル問題

まずは、問題を解いてみよう。

1. Who is the speaker?
(A) A painter.
(B) A tour guide.
(C) A photographer.
(D) A store owner.　Ⓐ Ⓑ Ⓒ Ⓓ

2. What can the listeners do later?
(A) Order some photos.
(B) Draw a painting.
(C) Buy some gifts.
(D) Visit a new building.　Ⓐ Ⓑ Ⓒ Ⓓ

「誰」「どこ」「何について」は連想ゲームで切り抜けよう。ポイントはやっぱり「冒頭」だ！

 概要がわかるのは冒頭。挨拶や自己紹介、商品の内容から特定しよう！♪

では、1問目を確認してみよう。(イギリス)

Questions 1 and 2 refer to the following talk.
Welcome to the National Museum of Art. I'm Rebecca Jackson, your guide today. Before we start our tour, I have an announcement to make. Taking photos is not allowed in the building. At the end of the tour, you can buy souvenirs at the gift shop.

問1-2は次のトークに関するものです。
国立美術館へようこそ。私はレベッカ・ジャクソン、今日のあなたのガイドです。私たちがツアーを開始する前に、お知らせがあります。建物内で写真を撮ることは許可されていません、ツアーの終わりに、ギフトショップでおみやげを買うことができます。

1. 話し手はだれですか。
(A) 画家。
(B) **ツアーガイド。** 正解
(C) 写真家。
(D) 店のオーナー。

職業が問われているね。歓迎のことばを伝えた後に、名前とともにyour guideと自己紹介をしているよ。なかなか自分の職業を名乗ることはないけれど、こういうふうに言ってくれると解きやすいね。正解は(B)のツアーガイド。美術館だけど、画家が話しているわけではないんだ。

では、2問目。
2. 聞き手は後で何ができますか。
(A) 写真を注文する。
(B) 絵を描く。
(C) **おみやげを買う。** 正解
(D) 新しい建物を訪れる。

聞き手が後で何をすることができるかをピンポイントで聞き取ろう。最後に、「ギフトショップでおみやげを買える」と伝えているため、正解は(C)。日本でも、美術館や博物館の最後にはおみやげやさんがあるよね。

✔Check!

トークの聞き取りをマスターするためのトレーニングだよ。

1 連想しよう①

04_03

短いアナウンスを聞いて、連想できる場所を語群から選んで書いてください。

1. (   )
2. (   )
3. (   )

語群：airport / museum / office / stadium / station / store

2 連想しよう②

04_04

短いアナウンスを聞いて、連想できるトピックを語群から選んで書いてください。

1. (   )
2. (   )
3. (   )

語群：limited sale / opening position / problem with equipment / registration for a class / request for the feedback

3 特定しよう

04_05

トークを聞いて、正しい内容に○をつけてください。

1. What will the listeners receive?

[ ] A ticket for the play.

[ ] A map to the theater.

2. Why does the speaker need help?

[ ] She will prepare for a move.

[ ] She will cook some food.

3. Why will the store close tomorrow?

[ ] Because of renovation.

[ ] Because of a national holiday.

1

1. store（店） 2. station（駅）
3. stadium（スタジアム）
その他の語群：
airport（空港）/ museum（美術館）/ office（オフィス）

2

1. limited sale（限定のセール）
2. problem with equipment（機器の問題） 3. request for the feedback（感想のリクエスト）
その他の語群：
opening position（職の空き）/ registration for a class（講義の受講登録）

3

1. 聞き手は何を受け取りますか。
[×] 劇のチケット。
[○] 劇場への地図。
2. 話し手はなぜ助けが必要ですか。
[○] 引っ越しの準備をする。
[×] いくつか料理を作る。
3. 店はなぜ明日閉まりますか。
[○] 改修のため。
[×] 祝日のため。

アドバイス

聞いた音声を確認しましょう。下線は答えのヒントとなるキーワードです。

1

オーストラリア
1. Thank you for shopping at the Central Electronics.（セントラルエレクトロニクスでお買い物いただきありがとうございます）

アメリカ
2. The next train bound for International Airport has been delayed due to bad weather.（悪天候のため、国際空港行きの次の列車が遅れています）

イギリス
3. The game will begin in a few minutes, so please go back to your seat.（試合は数分後に開始されるので、席に戻ってください）

2

オーストラリア
1. Our products are now offered at up to 40 percent off our regular prices.（当社製品は現在、通常価格から最大40%割引されています）

アメリカ
2. We are sorry, but the air-conditioner is out of order, and the room is now a little too hot.（申し訳ありませんがエアコンが故障しており、部屋が少し暑すぎます）

イギリス
3. At the end of the workshop, please fill out the survey. Thank you for your cooperation.（ワークショップの終わりに、調査表に記入してください。ご協力ありがとうございます）

3

1. (アメリカ)

Ladies and gentlemen. If you are interested in a play, you can buy a ticket at a 20 percent discount. I'll give you a map with directions to the theater on it, and please present it at the ticket counter.

(皆さん。もし演劇に興味がある場合は、20%割引でチケットを購入できます。劇場への行き方を示した地図を差し上げますので、チケットカウンターで提示してください)

チケットが20%割引で買えるけど、チケットを渡しているわけではないよ。

2. (イギリス)

Hello, Jack. I'm calling to see if you have time this weekend to help me. I'm moving to a new apartment, and I need to put everything in boxes. I'll treat you to a dinner at a restaurant in the evening, so if you can help me, please call me back.

(こんにちは、ジャック。 今週の週、手伝ってくれる時間があるかどうか知りたくて電話しています。新しいアパートに引っ越すから、すべての物を箱詰めしなければならないの。 夜、レストランで夕食をおごるから、手伝ってもらえるなら折り返し電話ちょうだい)

手伝いが必要な理由を聞こう。I'm moving to a new apartment…とお願いの前に前置きしているよ。ディナーで釣ろうとしてるね（笑）。

3. (オーストラリア)

Thank you for shopping at Rark Town Store. Before we enjoy this year's holiday season, we will have a regular store renovation. We will be closed for one week, starting tomorrow. We apologize for any inconvenience. We will reopen on the 20th, Monday.

(ラークタウンストアでお買い物いただきありがとうございます。今年のホリデーシーズンを楽しむ前に、我々は定期の店舗改装を予定しています。明日から1週間閉店します。ご不便をおかけして申し訳ございません。お店は20日、月曜日に再オープンします)

明日店が閉まる理由だ。キーワードのtomorrowの前に理由(renovation)が伝えられている。問題を先に読んでおくと「これだ！」と特定しやすくなるよ。

力だめし！

出題形式に沿った問題だ。実践で力を発揮できるか、やってみよう！

1～2、3～4のそれぞれの音声を聞き、適切な応答を選んでください。

□□ **1.** Who is the speaker calling?

(A) A travel agent.
(B) A car dealer.
(C) A store clerk.
(D) A dentist.

Ⓐ Ⓑ Ⓒ Ⓓ

□□ **2.** What does the speaker ask the listener to do?

(A) Check a payment status.
(B) Reschedule an appointment.
(C) Deliver some items.
(D) Correct some information.

Ⓐ Ⓑ Ⓒ Ⓓ

□□ **3.** What is being announced?

(A) A charity event.
(B) A road repair.
(C) A special sale.
(D) A store opening.

Ⓐ Ⓑ Ⓒ Ⓓ

□□ **4.** What does the man remind the listeners to do?

(A) Arrive early.
(B) Invite friends.
(C) Take a bus.
(D) Bring a coupon.

(アメリカ)

Questions 1 and 2 refer to the following telephone message.
Hello, this is Pedro Gonzales. I have a dental appointment with Dr. Lopez next Monday at 10:00 A.M. Suddenly, I have to go on a business trip to Singapore, and I won't be able to come on the date. Can I reschedule it for a later date? Could you please call me back at 555-1002?

問1-2は次の電話メッセージに関するものです。
こんにちは、ペドロ・ゴンザレスです。 来週の月曜日の午前10時にロペス博士と歯科の予約があります。突然、シンガポールに出張に行かなければならなくなりました。その日に伺うことができません。後日に予定を変更できますか。555-1002まで折り返し電話ください。

1. [D] 難易度 ★☆☆

話し手はだれに電話をかけていますか。

(A) 旅行代理店。
(B) 自動車ディーラー。
(C) 店員。
(D) 歯科医。

解説 電話をかけている相手が問われているよ。名乗った後で、I have a dental appointment with…と歯医者の予約があることを伝えているね。正解は(D)の歯科医。

2. [B] 難易度 ★★☆

話し手は聞き手に何をするよう頼みますか。

(A) 支払い状況を確認する。
(B) 予約を変更する。
(C) 品物を配達する。
(D) 情報を訂正する。

解説 出張のために予約日に行けないことを伝え、Can I reschedule it?（それを変更できますか）と依頼している。「それ」とは予約（appointment）のため、正解は(B)だ。

オーストラリア

Questions 3 and 4 refer to the following announcement.

On February 20, a charity concert will be held at the National Park from 10 A.M. to 5 P.M. Some of the famous bands, including the Chasers, will perform on the stage. Tickets are available at Matric Store. As you know, the parking space is limited so please come to the park by bus. For more information, please visit our Web site at www.npevent.com.

問3-4は次のアナウンスに関するものです。

2月20日、チャリティーコンサートが国立公園で午前10時から午後5時まで開催されます。チェイサーズを含む有名なバンドの一部がステージで演奏します。チケットはマトリックストアで入手できます。ご存じの通り、駐車スペースには限りがありますので、バスで公園にお越しください。詳細については、ウェブサイトwww.npevent.comをご覧ください。

3. [A] 難易度 ★☆☆

何がアナウンスされていますか。

(A) チャリティイベント。　(B) 道路の修理。

(C) 特別セール。　(D) 開店。

解説 アナウンスされている内容が問われているよ。冒頭でa charity concert will be held…と「チャリティコンサート」の開催予定が伝えられている。これを少し言い換えている(A)のチャリティイベントが正解。

4. [C] 難易度 ★★☆

男性は聞き手に何をすることを思い出させていますか。

(A) 早めに到着する。　(B) 友達を招待する。

(C) バスに乗る。　(D) クーポンを持っていく。

解説 話し手である男性が伝えている内容をピンポイントで聞き取れたかな。後半で「駐車スペースが限られている」という前置きの後で、「バスで来てください」と伝えている。正解は(C)。

10 日 目 図表を含むトーク

学習した日
1回目 ／
2回目 ／

トークの内容と図表の情報を「関連」させて攻略!

Part 3同様に、Part 4の最後の２セットに登場するのが、図表を含む問題だ。トークの内容を参考に、図表の情報と関連させることに慣れれば解きやすくなるよ。資料を見ながら聞くシーンは仕事や日常にはあるから、そのためのスキルアップにもつながるよ。

サンプル問題

まずは、問題を解いてみよう。

Business Hours	
Monday	10 A.M.－7 P.M.
Tuesday－Friday	9 A.M.－7 P.M.
Saturday	9 A.M.－10 P.M.
Sunday	9 A.M.－9 P.M.

1. What is being announced?
(A) A new product.
(B) A membership card.
(C) A store renovation.
(D) A special sale.　　Ⓐ Ⓑ Ⓒ Ⓓ

2. Look at the schedule. When is the announcement being made?
(A) On Monday.
(B) On Friday.
(C) On Saturday.
(D) On Sunday.　　Ⓐ Ⓑ Ⓒ Ⓓ

Part 3の図表問題と同様に、Look at…と書かれているものが図表問題だ。選択肢に並んでいるものが言われたからといって正解とは限らない。**大切なのは、図表の中でも選択肢に並んでいない情報だ。**その情報を聞き取ったうえで、**選択肢に並ぶ情報と関連付けて攻略しよう。**では、確認するよ。〈発音はイギリス〉

Questions 1 and 2 refer to the following announcement and schedule.
Attention shoppers. Thank you very much for shopping at Lincoln Supermarket. Our limited time sale in the bakery starts in five minutes. You can receive discounts up to 40 percent off the regular prices. The bakery is located on the first floor, near the escalator. Again, thank you for shopping at Lincoln Supermarket. We are open until 10:00 P.M. today, so please take your time.

問1-2は次のアナウンスと予定表に関するものです。
お客様に申し上げます。リンカーンスーパーマーケットでお買い物いただき、ありがとうございます。当店のパン屋での時間限定セールはあと5分で始まります。通常価格から最大40%引きで買うことができます。 パン屋は、エスカレーターの近くの1階にあります。重ねて、リンカーンスーパーマーケットでのお買い物をありがとうございます。当店は今日、午後10時まで営業しています。ごゆっくりお過ごしください。

まず、**1問目**。

1. 何がアナウンスされていますか。
(A) 新製品。
(B) 会員証。
(C) 店舗の改修。
(D) **特別セール。** 正解

shoppersとは買い物客だよ。コンビニやスーパーで買い物中の人は、みんなshoppersと呼べるね。**Our limited time sale**（時間限定セール）を聞き取れたかな。すぐ後に聞こえる**discounts**（割引）や**40 percent off**（40%引き）もヒントになるね。正解は(D) A special saleだ。

次に、2問目。

2. 予定表を見てください。そのアナウンスはいつ行われていますか。
(A) 月曜日。
(B) 金曜日。
(C) **土曜日。** 正解
(D) 日曜日。

このアナウンスがいつされているかが問われている。選択肢には曜日が並んでいるから、はっきりと「今日は何曜日」とは言われないよ。スケジュールには営業時間が書かれているから、終了時間と曜日を関連付けることになる。営業時間については、通常アナウンスの後半に登場するから、途中で聞けなくなってしまっても、時間だけ聞き取れればOKだよ。後半にWe are open until 10:00 P.M. today（当店は今日、午後10時まで営業している）とある。午後10時まで空いている日を確認すると、正解は(C) Saturdayだね。

トークによく登場する指示や依頼の内容に関する設問をチェックしておこう！
What does the speaker ask the listeners to do?
（話し手は聞き手に何をするように頼んでいますか）
What does the speaker tell the listeners to do?
（話し手は聞き手に何をするように言っていますか）
What does the speaker remind the listeners to do?
（話し手は聞き手に何をすることを思い出させていますか）
What does the speaker suggest the listeners to do?
（話し手は聞き手に何をすることを勧めていますか）

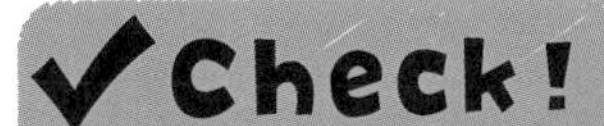

Check!

場所と人物をマスターするためのトレーニングだよ。

1 特定しよう①

04_08

音声を聞いて、次の番組表から今日新しく始まる番組を特定してください。

TV Program	
7:00 P.M.	Drama
8:00 P.M.	News
8:30 P.M.	Comedy Show
9:10 P.M.	Sports

(A) Drama.
(B) News.
(C) Comedy Show.
(D) Sports.

2 特定しよう②

04_09

音声を聞いて、次のリストからどのコースを走るか特定してください。

Course	Distance
Town Park	5 km
Lake Side	10km
History Road	20km
Pine Coast	30km

(A) Town Park.
(B) Lake Side.
(C) History Road.
(D) Pine Coast.

1

(C)

今日始まる番組が問われているよ。新番組についてSNSでたくさんコメントが書かれていることが伝えられているけど、new program（新番組）であってnews program（ニュース番組）ではないよ。後半にAnd today, it's finally starting at 8:30!と8時30分から始まることが伝えられている。その時間から始まるのは(C) Comedy Showだ。

2

(D)

冒頭で歓迎の言葉を伝えた後、it's the longest course（最も長いコース）と伝えていたよ。4つのコースの中で最も長い距離を走るのは、30キロだ。よって、聞き手が走るのは(D) Pine Coastだね。トークの中に30kmという数字が出てこなかったから、少し難易度が高めの問題だ。

アドバイス

聞いた音声を確認しよう。

1

アメリカ

Here's the evening lineups. We've read a lot of comments on social media about this new program. And today, it's finally starting at 8:30! Stay tuned!

（夜のラインナップはこちら。 この新番組について、ソーシャルメディアで多くのコメントを読みました。そして今日、ついに8:30から始まります！チャンネルはそのままで！）

2

イギリス

Welcome to the Annual Town Run on such a nice day. I know this might be challenging because it's the longest course. But at the same time, the view is the most beautiful of all the courses.

（こんなにもいい日に、恒例のタウンランへようこそ。 最長のコースなので、難しいかもしれません。 しかし同時に、景色はすべてのコースの中で最も美しいです）

力だめし！

出題形式に沿った問題だ。実践で力を発揮できるか、やってみよう！

音声を聞き、設問に合う選択肢を選んでください。

04_10

LIVE PERFORMANCE	
The Boosters	2:00 P.M.
Hillhouse	3:00 P.M.
Sue Ramirez	4:00 P.M.
Charles Adams	5:00 P.M.

□□ **1.** Where will the live performances take place?
(A) At a park.
(B) At a restaurant.
(C) At a stadium.
(D) At a beach.

□□ **2.** Look at the schedule. What time will The Boosters perform?
(A) At 2:00 P.M.
(B) At 3:00 P.M.
(C) At 4:00 P.M.
(D) At 5:00 P.M.

Starline Sports	
Floor	Activity
4	Batting
3	Billiards
2	Badminton
1	Bowling

□□ **3.** Look at the directory. Which activity is closed today?
(A) Batting.
(B) Billiards.
(C) Badminton.
(D) Bowling. Ⓐ Ⓑ Ⓒ Ⓓ

□□ **4.** What does the speaker suggest the listeners do?
(A) Buy sport equipment.
(B) Register for a membership.
(C) Bring some friends.
(D) Ask for assistance. Ⓐ Ⓑ Ⓒ Ⓓ

(イギリス)

Questions 1 and 2 refer to the following telephone message and schedule.
Hi, Philip. This is Lisa from Colina Dining. Thank you for sending me the schedule for live performances at our restaurant. I found that the order is wrong, and we need to change it as soon as possible. The first one and the last one have to be switched. Also, I'd like to discuss a few more things, so could you call me back at 555-9011. Thank you.
問1-2は次の電話メッセージと予定表に関するものです。
こんにちは、フィリップ。コリーナダイニングのリサです。レストランでのライブパフォーマンスのスケジュールを送ってくれてありがとう。順番が間違っているのを見つけたので、できるだけ早く変更しなければなりません。最初のものと最後のものを入れ替える必要があります。また、もう少し話し合いたいので、555-9011までお電話ください。ありがとうございます。

1. [B] 難易度 ★★★

ライブパフォーマンスはどこで行われますか。

(A) 公園で。　(B) レストランで。

(C) スタジアムで。　(D) ビーチで。

解説 ライブパフォーマンスがどこで開催されるかを特定する問題だ。話し手がlive performances at our restaurantと言っていたのを聞き取れたかな。正解は(B) At a restaurant.だね。それ以外の場所については触れられていないから、restaurantの聞き取りがカギだ。

2. [D] 難易度 ★★★

スケジュールを見てください。ザ・ブースターズは何時に演奏しますか。

(A) 午後2時。　(B) 午後3時。

(C) 午後4時。　(D) 午後5時。

解説 スケジュールを見ながら聞く問題だ。The Boostersが何時に演奏するかが問われている。すでに午後2時に予定されているけど、わざわざ問題になるくらいだから、これは正しくない情報だと判断できるよ。中盤にThe first one and the last one have to be switched.とある。The first oneとはThe Boostersのことで、the last oneとはCharles Adamsのこと。この順番を入れ替えると言っているから、The Boostersが演奏するのは最後の時間だね。正解は(D) At 5:00 P.M.だ。バンド名も時間も登場しないため難易度が少し高めだね。

(オーストラリア)

Questions 3 and 4 refer to the following talk and directory.

Welcome to Starline Sports. My name is Jack, one of your instructors today. First of all, I have to apologize that the first floor is closed this week for a regular maintenance. So we're going to try from the second floor to the top. You can rent all equipment. After all activities,

if you feel like using our facility regularly, I suggest you register for a membership. If you join today, you have no first month fee. OK, let's go.
問3-4は次のトークと案内板に関するものです。
スターラインスポーツへようこそ。今日のインストラクターの1人である私の名前はジャックです。まず、今週は定期保守のために1階が閉鎖されていることをお詫びしなければなりません。そこで、2階から上に向かってみます。すべての機器を借りられます。すべてのアクティビティを終えた後、私たちの施設を定期的に使用しそうだと感じたなら、会員登録をお勧めします。今日登録した場合、最初の月の料金はかかりません。では、行きましょう。

3. [D] 難易度 ★★★

案内板を見てください。 今日はどの活動が閉まっていますか。

(A) バッティング。　(B) ビリヤード。

(C) バドミントン。　(D) ボウリング。

解説 directory（案内板）がわからなくても図表に関するものだということはわかるね。どの活動が閉まっているかを聞き取るためには、選択肢に並んでいない情報が必要だったね。自己紹介の後に、謝罪の内容としてthe first floor is closedと伝えている。1階に相当するのは(D)のBowling（ボウリング）だ。

4. [B] 難易度 ★★★

話し手は聞き手に何をすることを勧めますか。

(A) スポーツ用品を購入する。　(B) 会員登録をする。

(C) 友達を連れてくる。　(D) 支援を求める。

解説 提案している内容をピンポイントで特定する問題だ。後半に「施設を定期的に使いたいなら」と述べた後で、I suggest you register for a membership.と提案していたよ。そのままの表現で入っている選択肢を選べたかな。正解は(B)だ。

挑戦！TOEIC Bridge® Speaking & Writing テスト

本書ではTOEIC Bridge L&Rテストの学習を扱ってきましたが、TOEIC Bridgeにはスピーキングとライティングもあります。いずれも指定の会場にてパソコンを使って受験します。受験日や受験会場などの詳細情報や受験申込は、以下のサイトをご覧ください。

https://www.iibc-global.org/toeic/test/bridge_sw.html

このコラムでは、アウトプットの力を測りたい学習者のために、スピーキングテストとライティングテストの内容と問題数、求められる力を説明します。

TOEIC Bridge Speaking Test（全8問　約15分）

内容	問題数	求められる力
音読問題	2問	発音やアクセント、イントネーションなどを正しく口に出せる力。
写真描写問題	2問	写真に関して正しく描写できる力。 語彙や構文を正しく使える力。
聞いたことを伝える問題	1問	流れてくるトークの2つのポイントを正しく聞き取ったうえで、そのポイントを相手に正しく伝えられる力。
短い応答問題	1問	メモなどに書かれた2つの確認事項（依頼、提案、申し出など）を正しく伝えられる力。
ストーリー作成問題	1問	4枚のイラストを見て、ストーリーの流れを説明する力。状況の説明のほか、行動の理由や話の展開を正しく述べられる力。
アドバイスをする問題	1問	画面に表示される複数の情報を相手に正しく伝え、適切な理由とともにアドバイスをする力。

音読問題と写真描写問題以外は、易しめのリスニングやリーディングを基にしたスピーキングとなります。明瞭な発声で話せているかも含めて評価されるため、学習の際には録音して自分の話す英語を聞いてみることをオススメします。また、「適切に話を展開できているかどうか」や「具体的な理由が述べられているかどうか」なども評価基準となります。本書のリスニング・リーディングの学習やトレーニングを通して身につけた知識やスキルも取り入れて練習しましょう。

TOEIC Bridge Writing Test（全9問　約37分）

内容	問題数	求められる力
文を組み立てる問題	3問	語句を正しい順番に並べ替える文法力。
写真描写問題	3問	指定の語句を使って、写真を描写できる力。
短文メッセージ返信問題	1問	短いメッセージを読み、2つの返信要件を踏まえて、英文の返事を書く力。
ストーリー記述問題	1問	ブログ記事の作成基準にしたがい、つなぎ言葉を使用して論理展開が明確な英文を書く力。
長文メッセージ返信問題	1問	長めのEメールを読み、返信用件にしたがって適切な情報や意見、理由をわかりやすく書く力。また、論理展開が明確な英文を書く力。

ライティングでは、空欄に入る語句を見抜く文法力ではなく、使える文法力が問われています。また、提案や依頼などの指定があるほか、because（なぜなら）やhowever（しかし）など、論理的なつながりを示す語句を使って話を展開するライティングの力も問われています。また、パソコン入力が求められるため、タイピングの練習もする必要があります。

なお、受験に際して紙と鉛筆を渡されるため、テスト中にメモを取ることができます。

興味があればぜひ挑戦してみてください！

リーディング

Part 1

短文穴埋め問題

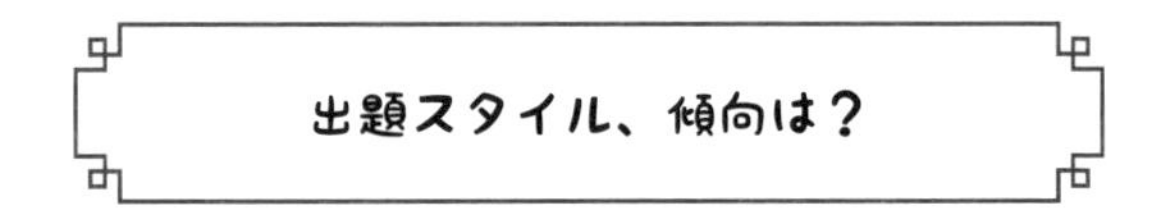

短めの英文を読み、空欄に入る正しい語句を選ぶ問題だ。文法問題と語彙問題が約半分ずつ出題されるよ。

●文法問題

文法問題では、英文が読めるかどうかではなく、文のルールがわかるかどうかが問われている。英文が読めなくても、何となくつながりそうと思ったら、自信を持って選ぼう。

②どんな花を売っているのか、だな

Toyo Florist sells _______ flowers from all over the country.

(A) beauty
(B) beautiful
(C) beautifully
(D) beautify

①beauty 関係の選択肢だ。

③flower を説明できるのは(B)だ！

●語彙問題

語彙問題では、単語の使い方が問われるものが多く、読む力よりも単語の使い方の知識のほうが重視されるよ。また、単語1つの意味がわかるかどうかではなく、フレーズの理解が問われるものが多いのが特徴だ。

When you use the library, please _______ the rules.

②ルールに対して使えるものは……

(A) reach
(B) plan
(C) work
(D) follow

①動詞の語彙問題だ。

③ルールに従う、だから(D)だ！

Part 3（読解問題）に十分な時間を残すために、Part 1（短文穴埋め問題）は1問平均10～15秒程度で解答し、3～4分程度で切り抜けたいパートだ。Part 3には20分以上残すことを目標にしよう。

生徒：４分で解ける気がしないのですが……。

Jay：文法問題や語彙問題は、「知識があるかどうか」を測っているから、時間をかけたからといって正解数が増えるわけじゃないんだ。知らないものはどんなに頑張っても解けないからね。その分、解く練習をすることでどんどん速くなる。もしどうしても時間がかかってしまう場合は、時間を測りながら解答して、４分で解けるようになるまで答え合わせをしないという練習がオススメだよ。答え合わせをしなければ、どれが正解かわからないし、何回も解くにつれてポイントがつかみやすくなってくる。４分で解き終えたら、それまでに解いたものもまとめて答え合わせをしてみるといいよ。それほど正解数は変わっていないことがわかるし、そのままの精度でスピードが速くなったこともわかる。

学習ポイント１：スピード解答の練習を徹底する

生徒：文法と単語の勉強の仕方を教えてください。

Jay：文法は文字どおり「文の法則」がつかめないと理解したことにはならない。法則を理解する方法は1つしかない。基礎を学んで、何度も同じタイプの問題に取り組むことだ。Part 1では「品詞」「代名詞」「動詞の活用」「接続詞」「前置詞」を学習するけど、もしわからなかったら、持っている参考書でじっくり確認するといいよ。

語彙問題は、文法とは違って法則ではなく、一緒に使われるフレーズの理解がポイントなんだ。だから、「submit＝提出する」のように「英語＝日本語」という1対1の覚え方では対応できない。そこで、英文を読むときには、どんな単語と一緒に使われているかを意識して読むようにしよう。たとえばsubmitならa reportのようにね。そうすることで、徐々にこの力がついてくるよ。解説を読むときには設問の空欄に何が入るかを確認するだけではなくて、その文に使われている単語やフレーズをしっかりと学習していこう。

学習ポイント２：文法は「法則」、単語は「フレーズ」を身につける

11日目 品詞・代名詞

学習した日
1回目 ／
2回目 ／

「品詞」とは役割によって形が変わるもの
「代名詞」とは名詞の代わりに使われるもの

品詞問題は、名詞・動詞・形容詞・副詞の使い方を問うものなんだ。たとえば、次の日本語を読んで、(　　　) に入るひらがなを思い浮かべてみよう。

1. 大き（　　）建物　　2. 大き（　　）育つ　　3. 会場の大き（　　）

「大きい」という単語の語尾を変えればよく、1は「大きい建物」または「大きな建物」、2は「大きく育つ」、そして3が「会場の大きさ」だ。英語でも同じ。品詞問題では、役割による語尾の違いがわかるかどうかが問われるんだ。代名詞とは、名詞の代わりに使われるものでI, my, me, mineなどがあったね。代名詞の使い方が問われる場合、語順をヒントに解けるものと、何を指しているか意味を理解しないと解けないものがあるよ。

サンプル問題

制限時間 1分

では、例題を解いてみよう。

1. Jack bought some ______ flowers at the flower shop.

(A) beauty
(B) beautifully
(C) beautifulness
(D) beautiful

Ⓐ Ⓑ Ⓒ Ⓓ

2. George lives in an apartment with ______ brother.

(A) he
(B) him
(C) his
(D) himself

Ⓐ Ⓑ Ⓒ Ⓓ

まず1問目から確認してみよう。正解は(D)のbeautiful(美しい)という形容詞だ。これは文法が苦手でも解きやすかったかもしれない。なぜなら、beautiful flowerという言い方を知っている人が多いからね。ちなみに、文法的に見てみると、flower(s)は名詞といって、物の名前や概念を示すんだ。その前に置かれて、名詞を説明するものを形容詞という。日本語でも「大きい建物」や「美しい花」のように名詞の前に置かれるから語順は一緒だよ。
(訳:ジャックは花屋で美しい花をいくつか買った)

なお、形容詞や名詞は語尾で判断できるものが多いんだ。

・形容詞の語尾の例

-ful	beautiful scenery(美しい景色) successful employee(成功している社員)
-ant/ent	important document(重要な資料) convenient place(便利な場所)
-able/ible	possible solution(可能な解決法) comfortable chair(快適な椅子)
-sive/tive	positive opinion(肯定的な意見) impressive speech(印象的な演説)
-ous	famous author(有名な著者) various colors(様々な色)
-al	international company(国際的な会社) financial situation(お金の状況)
-ic	economic policy(経済の方針) specific information(特定の情報)

・名詞の語尾の例

-tion/sion	location(場所) decision(決定)
-ment	development(発展、開発) agreement(同意)
-ness	clearness(明快さ) sharpness(するどさ)
-ance/ence	importance(重要さ) convenience(便利さ)
-ability/ibility	capability(能力、可能性) possibility(可能性)

2問目は、選択肢に代名詞が並んでいるね。「彼」に関する使い方が問われていて、語順をヒントに解く問題だ。空欄の前後を見ると、with _____ brother とあるため、「彼の」弟、ということになる。この「彼の」を示すのが(C)のhisだよ。(A)のheは主語としてhe is a student.(彼は学生です)のように使われる。(B)のhimはI met him.(私は彼に会った)やI talked with him.(私は彼と話した)のように目的語として使われるよ。さらに(D)はGeorge introduced himself.(ジョージは自分自身を紹介(自己紹介)した)やGeorge lives by himself.(ジョージは自分自身(1人)で住んでいる)のように使われることを覚えておこう。

✔Check!

品詞をマスターするためのまとめとトレーニングだよ。

副詞は名詞以外を説明する品詞で、基本的に語尾に-lyがついている。

例1：Visiting Kyoto is strongly recommended.

（受動態の真ん中に置いて動詞（過去分詞）を修飾）

（京都に行くことが強くオススメされる）

例2：Nancy eats lunch quickly. **（目的語の後ろに置いて動詞を修飾）**

（ナンシーは素早くランチを食べる）

例3：I usually watch movies on Sundays.

（主語と動詞の間に置いて動詞を修飾）

（私は日曜日にたいてい映画を見る）

最終手段として、よくわからなかった場合は副詞を選ぶっていう手もあるね。

なお、副詞から-lyを取ると形容詞になることも知っておこう。

strongly → strong / quickly → quick / usually → usual

1 品詞をマスター！

以下のフレーズを完成させるために、適切な語を選んでください。

1. your (introduce / introduction)
2. a (fame / famous / famously) person
3. This movie is (interesting / interest / interestingly).
4. Mr. Watanabe speaks (slow / slowly).
5. The title was (official / officially) announced.

1

1. your **introduction**
（あなたの紹介）

2. a **famous** person（有名な人）

3. This movie is **interesting**.
（この映画は興味深い／おもしろい）

4. Mr. Watanabe speaks **slowly**.
（ワタナベ氏はゆっくり話す）

5. The title was **officially** announced.
（タイトルが公式に発表された）

アドバイス

1

1. 代名詞の所有格yourの後ろに来るものは、your nameやyour bagのように名詞。-tionがついているintroduction（紹介）が名詞。introduce（紹介する）は動詞。

2. aの後ろには名詞が来るが、直後とは限らない。カッコの後ろに名詞personがあるため、この名詞を修飾する形容詞が入る。-ousで終わっているfamous（有名な）が正解。fame（名声）は名詞。famously（よく知られているように）は副詞。

3. be動詞の後ろに来るものが問われている。主語のmovie（映画）を説明する形容詞interesting（興味深い）が正解。なお、これは語尾で判断できないため、知識が必要。This flower is beautiful.と同じ構造。interest（興味）は名詞、interestingly（興味深く）は副詞。

4. 動詞speaksに続くものは「どんなふうに話すか」を説明する副詞。正解はslowly（ゆっくり）。なお、speakは後ろに名詞が続くこともあるが、EnglishやJapaneseなどの言語の場合のみ。slow（遅い）は形容詞。

5. was announced（発表された）という受動態の真ん中に入るのは、動詞（過去分詞）を説明する副詞officially（公式に）。official（公式の）は形容詞のため、official announcement（公式の発表）のように形容詞+名詞で使う。

2 代名詞をマスター！

[　　　] の代名詞を必要があれば適切な形に変えて空欄に書き込んでください。変化しない場合もあります。

1. meet ______ clients
[we]

2. contact _______
[our]

3. ______ sent a report.
[He]

4. Please give _____ to _____.
[it]　[my]

解答＋解説

1

1. meet **our** clients（私たちの顧客に会う）
動詞meetの目的語の一部で、名詞clientsを説明する所有格ourが適切。
2. contact **us**（私たちに連絡する）
動詞contact（連絡する）の目的語のため、目的格usが適切。
3. **He** sent a report.（彼はレポートを送った）
動詞sentの前には主語が入るため、主格Heのままが適切。
4. Please give **it** to **me**.（それを私にください）
動詞の目的語なのでitはそのまま、前置詞の目的語はmyではなくmeとなる。

アドバイス

1

主格（～は）	所有格（～の）	目的格（～を／に）
I	my	me
you	your	you
he/she/it	his/her/its	him/her/it
we	our	us
you	your	you
they	their	them

力だめし！

出題形式に沿った問題だ。実践で力を発揮できるか、やってみよう！

空欄に当てはまる語彙をA～Dの中から選びましょう。

制限時間 1分

□□ 1. Jane Gordon is known as a _____ writer.
(A) success
(B) successful
(C) successfully
(D) succeed
Ⓐ Ⓑ Ⓒ Ⓓ

□□ 2. Grand Square Ltd. manufactures a wide _____ of products.
(A) various
(B) vary
(C) variously
(D) variety
Ⓐ Ⓑ Ⓒ Ⓓ

□□ 3. The City Library is _____ located in the center of the city.
(A) convenience
(B) convenient
(C) conveniently
(D) conveniences
Ⓐ Ⓑ Ⓒ Ⓓ

□□ 4. For more information, please contact _____ staff by e-mail.
(A) us
(B) we
(C) our
(D) ourselves
Ⓐ Ⓑ Ⓒ Ⓓ

1. [B] 難易度 ★★★

Jane Gordon is known as a successful writer.
（ジェーン・ゴードンは成功している作家として知られています）

解説 空所の前がa、空所の後ろが名詞writerである。「どんな作家か」を説明する形容詞(B) successful（成功している）が正解。(A) success（成功）は名詞、(C) successfully（成功して）は副詞、(D) succeed（成功する）は動詞。

2. [D] 難易度 ★★★

Grand Square Ltd. manufactures a wide variety of products.
（グランドスクエア社は、さまざまな種類の製品を製造しています）

解説 空所前の形容詞wide（幅広い）が説明する名詞(D) variety（種類）が正解。ちなみに、空所の後ろが前置詞ofのため、この前で一度意味が切れるよ。(A) various（さまざまな）は形容詞、(B) vary（変わる）は動詞、(C) variously（さまざまに）は副詞。

3. [C] 難易度 ★★★

The City Library is conveniently located in the center of the city.
（市立図書館は、市の中心部という便利な場所にあります）

解説 is locatedという受動態の真ん中に空所があるため、動詞locatedを「どんなふうに」と説明するものが入る。動詞を説明するものは副詞のため、正解は(C) conveniently（便利（な場所）に）。(A) convenience（便利）は名詞、(B) convenient（便利な）は形容詞、conveniences（便利〈複数形〉）は名詞。

4. [C] 難易度 ★★★

For more information, please contact our staff by e-mail.
（さらなる情報については、メールで私たちのスタッフにご連絡ください）

解説 代名詞の問題。weに関する代名詞のため、形がポイント。動詞contactの目的語の一部で、名詞staffを説明する代名詞は所有格の(C) our。

12日目 動詞の活用

学習した日
1回目 ／
2回目 ／

「動詞」のさまざまな活用をおさえる

動詞問題では、時制（過去形や現在完了形など）や態（能動態と受動態）、さらに不定詞や動名詞などの活用が問われる。どういうものかをつかむために、以下の日本語を読んで、(　　　)の動詞を適切な形にしてみよう。

1. 私は昨日本を（読む）　2. 壁にペンキが（塗る）
3. 映画を（見る）が好きです。

日本語だと簡単だね。これがネイティブのすごさだよ。でも、ちょっとじっくり考えてみよう。1は「昨日」という過去の話だから、動詞は「読んだ」と過去形になる。これが時制問題だ。2は「ペンキ」が主語だから「塗る」ではなく、「塗られる、塗られた」のように受け身になるね。これが態。そして3は「～が」という主語の一部になっているから、動詞「見る」は「見ること」という動名詞になるんだ。テストにもこのような動詞の形を問うものが出題されるよ。

サンプル問題

制限時間30秒

では、例題を解いてみよう。

1. More than 200 people ______ the conference last week.
(A) attend
(B) will attend
(C) have attended
(D) attended

Ⓐ Ⓑ Ⓒ Ⓓ

2. The problem with the copy machine must ______ quickly.
(A) solve
(B) be solved
(C) have solved
(D) be solving　　Ⓐ Ⓑ Ⓒ Ⓓ

では、確認しよう。まず**1問目**。選択肢が(A)現在形、(B)未来形、(C)現在完了形、(D)過去形と並んでいるから時制問題だね。本文の最後にある**last weekというキーワード**に気づいたかな。「先週」のことだから正解は過去形の(D) attendedだね。
（訳：200人以上が、先週の会議に出席した）
他の選択肢が正答になる例も見ていこう。まず、キーワードが**every week（毎週）など習慣的なもの**なら(A)の現在形attendが入る。

More than 200 people **attend** the conference **every week**.
（訳：200人以上が、毎週の会議に出席する）

そして、**next weekのように未来の内容**だったら、(B)のwill attendになる。

More than 200 people **will attend** the conference **next week**.
（訳：200人以上が、来週の会議に出席するだろう）

やっかいなのは、(C)の現在完了形だ。**現在完了形というのは、過去に始まったことが現在も続いていたり、現在にも影響を及ぼしていたりするときに使われるんだ。**たとえば、2年にわたって200人以上が出席している場合、これは2年前に始まって今もそう、ということなので、現在が基準となる。haveを使って、どんな動作が続いているのかを示す動詞は過去分詞attendedになるんだ。その場合のキーワードは**for two years**だ。

More than 200 people **have attended** the conference **for two years**.
（訳：200人以上が、2年にわたって会議に出席している）

２問目は、主語がその動作を行うときに使われる能動態と、主語が動作を受けるときに使われる受動態が並んでいるよ。ということは、まずは**主語を見る**必要がある。
主語はproblem（問題）だ。選択肢のsolveは「解決する」という意味だよね。つまり、問題は解決する側かされる側か、がポイントだ。日本語では「問題が解決する」と言えるけれど、「問題」が「解決する」という動作を行うわけではないよね。**「問題」は「解決される側」だ。**ということは、問題は「解決する」という動作を受ける側のため、正解は(B) be solvedという受動態なんだ。
学校のテストでは「byがあるから受動態」という知識で解けるものが多いけど、実際には**by～という動作主がつかないことも多い**ということも覚えておこう。
（訳：コピー機の問題は早く解決されなければならない）

日本語に訳すと混乱してしまう場合は、**主語が動作を行うかどうか**だけで意味を取ろう。

修理工　　修理 ➡ 何を？（コピー機）
● A mechanic | repaired | the photocopier | this morning.

コピー機 ⬅ 修理　誰によって？（修理工）
● The photocopier | was repaired | (by a mechanic) | this morning.

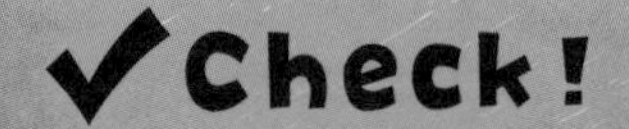

動詞の活用をマスターするためのまとめとトレーニングだよ。

1 時制をマスター！

キーワードを読み、時制を特定してください。過去形の場合は「過」、未来形の場合は「未」、現在完了形の場合は「現完」と記入してください。

1. yesterday (　　)　**2.** in the future (　　)
3. after I come back (　　)　**4.** when he arrived at the office (　　)
5. for the past three weeks (　　)　**6.** since I joined the company (　　)

2 能動態と受動態をマスター！

次の日本語を読み、主語と動詞の関係が能動態（主語が動作を行う）であれば主語と動詞の間の（　　　）に➡を、主語と動詞の関係が受動態（主語が動作を受ける）であれば、（　　　）に⬅を書き込んでください。また、英文の正しいほうに○をつけてください。

例１：問題（ ⬅ ）解決する
The problem (solved / was solved)

例２：私たち（ ➡ ）解決する
We (solved / was solved) the problem.

1. ジョニー・デップ（　　　）演じる
Johnny Depp (played /was played) a pirate in *Pirates of the Caribbean.*

2. 海賊（　　　）演じる
A pirate (played/was played) by Johnny Depp in *Pirates of the Caribbean.*

3. 人々（　　　）飲む
People (drink / are drunk) coffee all over the world.

4. コーヒー（　　　）飲む
Coffee (drinks / is drunk) all over the world.

解答+解説

1

1. 過（訳：昨日）
2. 未（訳：未来に）
3. 未（訳：私が戻ってきた後）
4. 過（訳：彼が事務所に到着したとき）
5. 現完（訳：過去3週間にわたって）
6. 現完（訳：入社して以来）

2

1. ジョニー・デップ（➡）演じる
Johnny Depp **played** a pirate in *Pirates of the Caribbean.*
（ジョニー・デップはパイレーツ・オブ・カリビアンで海賊を演じた）
2. 海賊（⬅）演じる
A pirate **was played** by Johnny Depp in *Pirates of the Caribbean.*
（パイレーツ・オブ・カリビアンで、海賊はジョニー・デップによって演じられた）
3. 人々（➡）飲む
People **drink** coffee all over the world.
（人々は世界中でコーヒーを飲んでいる）
4. コーヒー（⬅）飲む
Coffee **is drunk** all over the world.
（コーヒーは世界中で飲まれている）

アドバイス

主語と動詞の意味の関係のほか、動詞の後ろに「何を？」という名詞が続いていたら、基本的には能動態になるよ。

1

1. yesterdayのほか、last week、two years agoなども過去形。
2. next yearやupcoming event（今度のイベント）も未来。
3. 接続詞afterのあとは現在形だが、戻ってくるのは未来であるため。
4. 接続詞whenのあとの動詞が過去形arrivedのため、過去の話である。
5. forが期間を指すため、過去に始まって今も続いていることを示している。over the past three yearsという表現もある。
6. sinceは過去の基準を示し、「そこからずっと」という継続を表すため完了形が使われる。

2

1. 動詞の後ろに目的語のpirate（海賊）があるため、動詞は能動態（〜を演じた）と考える。
2. 海賊が何かを演じることもできるが、動詞の後ろにby〜と動作主があるため受動態。
3. 人々が飲むという動作を受けることはないほか、後ろに目的語のcoffeeが続いているため能動態。
4. コーヒーは「飲む」という動作を受けるほか、drinkの後ろに「何を飲むか」がないため受動態と考えてもよい。

力だめし！

出題形式に沿った問題だ。実践で力を発揮できるか、やってみよう！

空欄に当てはまる語彙をA～Dの中から選びましょう。

制限時間 1分20秒

□□ **1.** The manager _____ some information about the upcoming convention by tomorrow.
(A) received
(B) has received
(C) will receive
(D) receiving
Ⓐ Ⓑ Ⓒ Ⓓ

□□ **2.** Hotel rooms _____ for two nights for a group of tourists.
(A) were reserving
(B) reserved
(C) reserving
(D) were reserved
Ⓐ Ⓑ Ⓒ Ⓓ

□□ **3.** Mr. Yasui _____ a new house when he moved to Kagoshima.
(A) buys
(B) bought
(C) will buy
(D) has bought
Ⓐ Ⓑ Ⓒ Ⓓ

□□ **4.** Gonz Restaurant _____ Mexican food for over twenty years.
(A) serves
(B) is serving
(C) has been served
(D) has served
Ⓐ Ⓑ Ⓒ Ⓓ

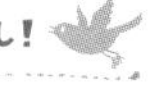

1. [**C**] 難易度 ★★★

The manager **will receive** some information about the upcoming convention by tomorrow.（マネジャーは明日までに今度の会議に関する情報を受け取る）

解説 選択肢には時制が異なる動詞が並んでいるため、時制問題と判断する。キーワードby tomorrow（明日までに）があるため情報を受け取るのは未来となり、(C) will receiveが正解。

2. [**D**] 難易度 ★★★

Hotel rooms **were reserved** for two nights for a group of tourists.
（ホテルの部屋が観光客のグループのために2泊分予約された）

解説 能動態と受動態が混ざっている選択肢。主語と動詞の意味の関係に注意しよう。「部屋」と「予約」の関係は、「部屋⬅予約」である。よって、受動態である(D)が正解。for two nights以降は細かい情報のため、解答の際は無視してよい。

3. [**B**] 難易度 ★★★

Mr. Yasui **bought** a new house when he moved to Kagoshima.
（安井氏は鹿児島に引っ越したときに新しい家を買った）

解説 選択肢には異なる時制が並んでいる。家を買うことに関して、接続詞の後でhe movedと「引っ越してきたとき」と過去の時点の話をしている。よって、すでに買ったことを示す過去形(B)が正解。

4. [**D**] 難易度 ★★★

Gonz Restaurant **has served** Mexican food for over twenty years.
（ゴンズ・レストランは、20年以上にわたってメキシコ料理を提供している）

解説 時制と態が混ざった選択肢。これは迷う受験者も出てくるはず。時制のキーワードはfor over twenty years（20年以上にわたり）。よって、現在完了形が入る。レストランと「提供する」の関係がポイント。後ろに「メキシコ料理」とあることからも「レストラン➡提供する➡料理」という能動態が適切。

Reading Part 1

13日目 接続詞&前置詞

学習した日
1回目 ／
2回目 ／

「接続詞」と「前置詞」は内容をつなぐもの

接続詞には「AとB」や「AまたはB」のように2つをつなぐ役割を持つものや、「～なので」や「～にもかかわらず」など、2つの内容の論理展開を示すものがある。

以下の（　　　）に適切な日本語を入れてみよう。

1 私は昨日、疲れていた（　　　　　）、帰宅後に一生懸命勉強した。

2 悪天候（　　　　）、電車が大幅に遅れている。

1は「疲れていた」と「一生懸命勉強した」をつなぐのは、「疲れていたが」や「疲れていたけど」のように逆の内容をつなぐものだよね。2は「悪天候」と「遅れている」という論理展開を示すのは「悪天候のため」という理由と結果を表すもの。このタイプの問題もよく出題されるんだ。

サンプル問題

制限時間 30秒

では、例題を解いてみよう。

1. Please bring your profile sheet _____ student card to the Student Center.

(A) while

(B) and

(C) but

(D) during

Ⓐ Ⓑ Ⓒ Ⓓ

2. _____ Jack plans to go to Cebu, he needs to renew his passport.
(A) Despite
(B) Although
(C) Because
(D) Due to
Ⓐ Ⓑ Ⓒ Ⓓ

どうだったかな。まず1問目。
(A) while（〜の間）：接続詞
(B) and（〜と）：接続詞
(C) but（しかし、〜だが）：接続詞
(D) during（〜の間）：前置詞

意味と形の知識も
必要になるから、
後で学習するよ。

本文を読むと、bringしてほしいものがyour profile sheetとある。空欄に続くのはstudent cardだね。このカードも持ってきてほしいものだとわかったかな。そうすると、「AとBを持ってきてください」という意味になるため、2つの情報をつなぐ(B) andが正解。
（訳：自己紹介シートと学生証を学生センターに持ってきてください）

2問目は少し難易度が上がるよ。
(A) Despite（〜にもかかわらず）：前置詞
(B) Although（〜にもかかわらず）：接続詞
(C) Because（〜なので）：接続詞
(D) Due to（〜なので）：前置詞

ざっくり言うと、(A)と
(B)が同じ意味。(C)と(D)
が同じ意味だね。

このタイプの問題は空欄後からカンマまでの意味と、その後ろに続く意味を関連させないと解けないんだ。まず空欄後からカンマまでを読むと「ジャックがセブに行くことを計画している」、そしてその後ろが「パスポートを更新する必要がある」だ。旅行に行くからパスポートを更新するんだね。理由を意味するのは(C)と(D)。違いは接続詞か前置詞かってことなんだ。空欄の後ろにはJack plans…と主語＋動詞が続いている。この形を取れるのは接続詞に限られるから、(C) Becauseが正解だ。
（訳：ジャックはセブへ行くことを計画しているので、パスポートを更新する必要がある）

●接続詞・前置詞を攻略しよう

接続詞というのは、後ろに主語＋動詞を取るんだ。たとえば、下の表でいうとbecauseが一番わかりやすいと思う。Because it is raining, I will stay home today.といえば、学校をサボっている怠け者っぽいけど、まぁ、そこは無視しよう。意味は「雨が降っているので、今日は家にいる」だよね。一方で、前置詞は後ろに名詞句（名詞のカタマリ）が置かれるよ。そうすると、Because of the rain, I will stay home today.（雨のため、今日は家にいる）となる。意味は同じだけど、形が変わっていることに注意しよう。なお、I will stay home today because it is raining / because of the rain.のように接続詞・前置詞のカタマリを置く順番を入れ替えることも可能だ。

基本的な接続詞と前置詞を載せておくよ。このあとの問題にも出てくるから覚えておこう！

	接続詞＋（主語＋動詞）	前置詞＋（名詞句）
～にもかかわらず ～だけど	although even though	despite in spite of
～なので ～だから	because	because of due to
～の間に	while	during

●相方とセットで使われる接続詞and / but / or / so

鶴といえば、亀。松ちゃんといえば、浜ちゃん。こんなふうにセットになっているものってあるよね。接続詞にもセットで使われるものがある。以下の「相方4セット」はしっかり覚えておこう。

both A **and** B（AとBの両方とも）
either A **or** B（AまたはBのどちらか）
neither A **nor** B（AもBも～ない）
not only A **but also** B（AだけでなくBも＝AとBの両方とも）

接続詞・前置詞をマスターするためのトレーニングだよ。

1 形で判断しよう！

正しい接続詞または前置詞を選んでください。

1. Doraemon will lend Nobita either the Dokodemo Door (or / and) the Small Light.

2. (Although / Despite) it was raining this morning, Nakajima-kun asked Katsuo to play baseball together.

3. Many celebrities go to Hawaii (while / during) the New Year's break.

2 意味で判断しよう！

正しい接続詞または前置詞を選んでください。

1. (Even though / Because) Brazil is strong, it will win a World Cup in the near future again.

2. (Despite / Due to) the lack of time, Santa Claus was able to distribute presents on time.

3. The game finished (while / although) I was sleeping.

解答+解説

1

1. Doraemon will lend Nobita either the Dokodemo Door **or** the Small Light.
(ドラえもんはのび太にどこでもドアかスモールライトのどちらかを貸す)
2. **Although** it was raining this morning, Nakajima-kun asked Katsuo to play baseball together.
(今朝は雨が降っていたにもかかわらず、ナカジマ君はカツオを野球に誘った)
3. Many celebrities go to Hawaii **during** the New Year's break.
(たくさんの有名人が正月休み中にハワイへ行く)

2

1. **Because** Brazil is strong, it will win a World Cup in the near future again.
(ブラジルは強いので、近い将来にまたワールドカップで優勝するだろう)
2. **Despite** the lack of time, Santa Claus was able to distribute presents on time. (時間不足にもかかわらず、サンタクロースは時間どおりにプレゼントを配ることができた)
3. The game finished **while** I was sleeping.
(私が寝ている間に試合は終わった)

アドバイス

1

1. ポイントはeither。その相方がor。ラクに解けたかな。これで、「どこでもドアかスモールライトのどちらか」を意味する。

2. カンマまでの構造が主語+動詞となっているのがポイント。後ろに主語+動詞をしたがえるのは接続詞Althoughだったね。

3. 後ろがthe New Year's break(正月休み)という名詞のため、前置詞duringが適切。期間のあるものが入るよ。whileの後ろは動作中や状態を表す主語+動詞が入るんだ。

2

1. 両方とも接続詞。「ブラジルは強い」と「ワールドカップで優勝する」の関係は「理由」。よって、Becauseが正解。Even thoughは「~にもかかわらず」。

2. 両方とも前置詞。「時間の不足」と「時間どおりにプレゼントを配れた」の関係は「逆接」。正解はDespite。さすが、サンタクロース! Due toは「~なので」。

3. 両方とも接続詞。「試合が終わった」と「寝ていた」の関係は、「寝ている間に」という動作中の出来事。althoughは「~にもかかわらず」。

力だめし！

出題形式に沿った問題だ。実践で力を発揮できるか、やってみよう！

空欄に当てはまる語彙をA～Dの中から選びましょう。

制限時間 1分

□□ **1.** Randy speaks both English ______ Japanese fluently.

(A) but
(B) and
(C) or
(D) so

Ⓐ Ⓑ Ⓒ Ⓓ

□□ **2.** The technician spent all day, ______ he was not able to finish the repairs.

(A) so
(B) more
(C) but
(D) like

Ⓐ Ⓑ Ⓒ Ⓓ

□□ **3.** Please do not enter the theater ______ the show.

(A) during
(B) while
(C) due to
(D) until

Ⓐ Ⓑ Ⓒ Ⓓ

□□ **4.** Paul arrived at the airport on time ______ the train was delayed.

(A) despite
(B) even
(C) also
(D) although

Ⓐ Ⓑ Ⓒ Ⓓ

1. [B] 難易度 ★☆☆

Randy speaks both English **and** Japanese fluently.（ランディは英語と日本語の両方を流暢に話す）

解説 選択肢には接続詞が並んでいる。本文を見るとbothがあるため、その相方を選ぶ。正解は(B) and。素早く正確に解きたい問題だ。

2. [C] 難易度 ★★☆

The technician spent all day, **but** he was not able to finish repairs.（技術者は丸1日を費やしたが、修理を終わらせることができなかった）

解説 1番と似た選択肢だけど、相方がいないため本文を読んで意味をチェックしよう。前半が「技術者が丸1日を費やした」、後半が「修理を終えられなかった」。これをつなぐ役割として適切なのは(C) but。

3. [A] 難易度 ★★☆

Please do not enter the theater **during** the show.
（ショーの間に劇場に入らないでください）

解説 接続詞と前置詞が混在している選択肢。空欄の後ろを見ると、the showという名詞が続いているため、空欄には前置詞が入る。意味を取り、「劇場に入るな」と「ショー」をつなぐ前置詞として正しいものは(A) during（～の間）。上演中に入ってくると、急に現実に戻されて迷惑だからね。

4. [D] 難易度 ★★☆

Paul arrived at the airport on time **although** the train was delayed.（電車が遅れたにもかかわらず、ポールは時間通りに空港に到着した）

解説 主に接続詞と前置詞が並ぶ選択肢。空欄の後ろは主語＋動詞（the train was delayed）のため、空欄には接続詞が入る。意味を取ると、前半が「時間通りに到着した」、後半が「電車が遅れた」である。意味が逆のため、正解は(D) although（～にもかかわらず）。高い危機管理能力だ！

14日目 語彙問題

学習した日
1回目　／
2回目　／

「語彙問題」の解き方をおさえる

語彙問題は、単語力だけでなく、その単語がどのように使われるかという知識まで求められるんだ。たとえば、「ぐっすり」という単語はどんな単語とセットで使われるかな？　そう、「眠る」だよね。「眠る」という単語を知っていても、それが「ぐっすり」とセットで使われるという、単語の使い方がわからないと解けないんだ。語彙問題には、いわゆる単語やフレーズの知識を問うものと、前置詞の使い方を問うものがあるよ。

サンプル問題

制限時間 1分30秒

では、例題を解いてみよう。

1. After you finish writing the report, please _____ it to Professor Newman.

(A) contact　(B) research
(C) submit　(D) meet　Ⓐ Ⓑ Ⓒ Ⓓ

2. All of the students achieved a _____ increase in their test scores.

(A) light　(B) sharp
(C) innovative　(D) important　Ⓐ Ⓑ Ⓒ Ⓓ

3. The science class starts _____ 9:00 A.M. every Thursday.

(A) on　(B) until
(C) for　(D) at　Ⓐ Ⓑ Ⓒ Ⓓ

さっそく確認しよう。まず1問目。選択肢がそれぞれ違う単語で構成されていたら「語彙問題」と判断しよう。どんな動詞が入るか、意味を取りながら判断しよう。After…からカンマまで読むと「レポートを書き終えたあと」、このあとにすべき動作が問われている。「ニューマン教授にそれをどうすればよいか」だね。レポートを書いたら教授にどうしようか？ 提出するしかないよね。正解は(C)。submitは「提出する」という意味なんだ。空欄後の目的語itはreportのことだから、(A)連絡する、(B)研究する、(D)会う、のどれも合わないよ。

please ------- it to Professor Newman. it=reportを教授に対してどうする？

（訳：レポートを書き終えたあと、ニューマン教授に提出してください）

では**2問目**。選択肢として並んでいる単語の品詞は「形容詞」。flowerを「どんな花？」と説明するのが形容詞beautifulであるように、形容詞は名詞を説明する。つまり、後ろの単語とくっつくものが正解になるんだ。後ろの単語はincrease（増加）だね。

------- increase

だから「どんな増加か」がポイント。**増え方には「一気に増える」とか「少しずつ増える」とか、程度を表す単語がつくよ。**正解は(B) sharp（鋭い、急激な）だ。(A) light（軽い）、(C) innovative（革新的な）、(D) important（重要な）はどれも「増加」を説明することはできないよ。

（訳：生徒全員が試験の点数の急激な増加を達成しました）

それでは、**3問目**。これは前置詞と呼ばれるものだね。**前置詞の問題は、前の単語や後ろの単語とのつながりをチェックしよう。**

starts ------- 9:00 A.M.

始まる時間に対して使われる前置詞は覚えているかな？ 正解は(D) atだ。I got up at 7:00.（私は7時に起きた）やI left home at 7:30（私は7時半に家を出た）のように、動作を行う時間を指す場合に使うのがatだね。

（訳：理科の授業は毎週木曜日午前9時に始まります）

他によく使う前置詞をおさらいしておこう。

前置詞	用法
on（曜日）	on Monday（月曜日に）
in（月／年）	in January（1月に） in 2020（2020年に）
at / in（場所）	at the office（オフィスで） in Japan（日本で）
by（方法）	by bus（バスで） by train（電車で）

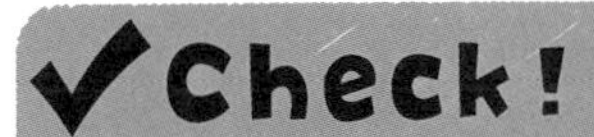

語彙をマスターするためのトレーニングだよ。

1 語彙をマスター！

下線の語句とセットで使われるものをそれぞれ2つ選んでください。この知識が語彙問題攻略のカギとなります。

Ⅰ 名詞

1. the (list / menu / number) of guests
2. submit a (call / report / result)
3. provide (delays / information / meals)

Ⅱ 動詞

1. (cause / serve / solve) problems
2. (purchase / spend / take) 30 minutes
3. (answer / reply / respond) to e-mails

Ⅲ 形容詞

1. (additional / latest / progressive) information
2. (technical / thick / valuable) advice
3. wear (formal / broad / protective) clothing

Ⅳ 副詞

1. write an e-mail (basically / immediately / quickly)
2. improve the quality (closely / greatly / rapidly)
3. achieve the goal (finally / basically / successfully)

2 前置詞表現をマスター！

正しい前置詞を選んでください。

1. (at / on) top of the drawers
2. the best hotel (in / of) the country
3. be closed (in / on) Fridays
4. be attached (for / to) this e-mail

解答＋解説

1

Ⅰ 1. the **list**／**number** of guests（ゲストのリスト／人数）

2. submit a **report**／**result**（レポート／結果を提出する）

3. provide **information** ／ **meals**（情報／食事を提供する）

Ⅱ 1. **cause**／**solve** problems（問題を引き起こす／解決する）

2. **spend** ／ **take** 30 minutes（30分費やす／かかる）

3. **reply** ／ **respond** to e-mails（メールに返事をする）

Ⅲ 1. **additional**／**latest** information（追加の／最新の情報）

2. **technical**／**valuable** advice（技術的な／価値のあるアドバイス）

3. wear **formal**／**protective** clothing（正式な服装をする／保護服を着る）

Ⅳ 1. write an e-mail **immediately** ／ **quickly**（すぐに／素早くメールを書く）

2. improve the quality **greatly** ／ **rapidly**（品質を大幅に／急速に改善する）

3. achieve the goal **finally** ／ **successfully**（最終的に／うまく目標を達成する）

2

1. **on** top of the drawers（たんすの上に）

2. the best hotel **in** the country（国内でもっともよいホテル）

3. be closed **on** Fridays（金曜日は閉鎖されて）

4. be attached **to** this e-mail（このメールに添付されている）

アドバイス

1 入らない単語の訳は次のとおり。

Ⅰ **1.** menu（メニュー）。**2.** call（電話）。**3.** delays（遅れ）。

Ⅱ **1.** serve（提供する）。**2.** purchase（購入する）。**3.** 動詞answerにはtoが不要。answer e-mailsならOK。

Ⅲ **1.** progressive（進歩的な）。**2.** thick（厚い）。**3.** broad（広い）。

Ⅳ **1.** basically（基本的に）。**2.** closely（念入りに）。**3.** basically（基本的に）。

2

1. onは「～の上に」だけでなく、on the wall（壁にかかって）やon the ceiling（天井に）のように接触を意味する。

2.「国内で」を意味するのはin。

3. 曜日に対して使うのはon。他に、on February 15のように日付に対しても使われる。なお、月のみの場合はin Februaryのようにinを使用。

4. be attachedで「添付されている」。何に添付されているかを示すのはto。

力だめし！

出題形式に沿った問題だ。実践で力を発揮できるか、やってみよう！

空欄に当てはまる語彙をA～Dの中から選びましょう。

制限時間 1分

□□ **1.** Please fill out the form before _____ at the airport.

(A) using
(B) decreasing
(C) providing
(D) landing

Ⓐ Ⓑ Ⓒ Ⓓ

□□ **2.** The meeting room is _____ small to hold 20 people.

(A) so
(B) that
(C) too
(D) more

Ⓐ Ⓑ Ⓒ Ⓓ

□□ **3.** Quest Planning Ltd. cleans the event space _____.

(A) sharply
(B) artificially
(C) regularly
(D) hopefully

Ⓐ Ⓑ Ⓒ Ⓓ

□□ **4.** The number of visitors _____ the National Museum increases at this time of year.

(A) to
(B) for
(C) by
(D) with

Ⓐ Ⓑ Ⓒ Ⓓ

1.［D］ 難易度 ★★★

Please fill out the form before **landing** at the airport.
（空港に着陸する前に書類に記入をしてください）

解説 beforeに続く動名詞が問われている。「用紙に記入する」と「空港に～する前」をつなぐのは(D) landing（着陸する）。意味の理解が求められる。(A)使う、(B)減る、(C)提供する。

2.［C］ 難易度 ★★☆

The meeting room is **too** small to hold 20 people.
（この会議室は20人収容するには小さすぎる）

解説 単語の使い方が問われている。____ small to hold…「holdするには小さい」に対して使われるのは(C) too（～すぎる）。too～to…で「～すぎて…できない」「…するには～すぎる」という意味になることを覚えているかな。

3.［C］ 難易度 ★★☆

Quest Planning Ltd. cleans the event space **regularly**.
（クエストプランニング社は定期的にイベントスペースを掃除している）

解説 語彙問題で選択肢に並んでいるのは副詞だ。副詞が説明を加える動詞をチェックしよう。cleans（掃除する）を説明する副詞は(C) regularly（定期的に）。(A)鋭く、(B)人工的に、(D)希望を持って。

4.［A］ 難易度 ★★☆

The number of visitors **to** the National Museum increases at this time of year.（1年のこの時期には、国立美術館への訪問者数が増える）

解説 選択肢には前置詞が並んでいる。前後のつながりがポイントとなる。空欄後のどこへのvisitors（訪問者）かを伝える前置詞は(A) to。

リーディング

Part 2

長文穴埋め問題

出題スタイル、傾向は？

５つの長文が出題され、各文書に３つの穴埋め問題がついています。長文の内容はチャットやＥメール、お知らせなど、日常やビジネスの話題です。１文書２分を目安に、パート全体で10分で終えるのが理想です。

Dear Guest,

We would like to thank you for ____(66)____ to stay at Courtfines Hotel. Your opinion and comments are important to us to better serve our guests. ____(67)____, kindly please take a moment to fill out this survey. After completing it, please put it in the comment box. ____(68)____.

②前置詞の後ろは名詞だな。

⑤前の文は「あなたの意見が重要」、後ろの文が「記入して」か。

⑧前の文は「箱に入れて」だ。

①動詞の形が問われている。

66. (A) choose
(B) chosen
(C) choosing
(D) choses

③動詞を名詞にしたものは(C)だ。

67. (A) Therefore
(B) Probably
(C) If
(D) Even

④接続詞かな。

⑥重要「だから」記入して、とつながるから(A)だ。

68. (A) Your check-out is ready.
(B) Contact us now.
(C) It is in the lobby.
(D) You can cancel it online.

⑦文挿入だ。

⑨箱の場所を伝えている(C)なら意味がつながる。

攻略のポイント、学習の仕方は？

生徒：長文でしかも穴埋めかぁ……。あれ？ 選択肢に文まであるんですけど。

Jay：やることは空欄穴埋めだし、基本的には文法問題と語彙問題だからリーディングのPart 1と似てるね。ただ、長文であることにも意味がある。Part 1では、1つの文に対してどの語句が適切かという空欄穴埋めだったけど、Part 2では空欄に入るのは語句だけじゃなくて、文もある。さらに、空欄のある文だけ読んでも答えを特定できないこともある。だから、読む範囲が広くなるんだ。

攻略ポイント：文の展開を読み取る

生徒：つまり、意味のつながりを理解しないといけないってことですね。

Jay：そのとおり。ただ、「長文」とはいってもリーディングのPart 3よりは短いものが多いから、複雑な内容ではないよ。ちなみに、Part 1と同様に空欄前後や一文だけ読めば答えられるものも数問あるんだ。でも、各セットには必ず意味のつながりを理解しないと解けないものがあるから、本文はしっかり読むことになる。だから、文法力や語彙力だけでなく、読解力も必要なパートだ。ここで磨く読解力はPart 3でも生きてくるよ。

学習ポイント：学習の仕上げに、本文の内容をしっかり読む！

15日目 文法&語彙①

学習した日
1回目 ／
2回目 ／

比較は「対象」がポイントとなり、関係代名詞は直前の名詞と空欄の後ろがポイント!

今回は一文だけで解ける文法&語彙を学習しよう。長文の空欄穴埋めではあるけれど、基本的に空欄がある文だけ読めば解けるため、Part 1と同じ解き方になるよ。

サンプル問題

制限時間 1分

では、例題を解いてみよう。

Questions 1-3 refer to the following text message.

Anna [4:19 P.M.]
Can you come home ___(1)___ than usual. I got fresh vegetables from a friend ___(2)___ visited me today. Let me know what time you can come home. Dinner will be __(3)___ by the time you get home.

1. (A) early
(B) the earliest
(C) as early
(D) earlier

Ⓐ Ⓑ Ⓒ Ⓓ

2. (A) which
(B) who
(C) whose
(D) what

Ⓐ Ⓑ Ⓒ Ⓓ

3. (A) expensive
(B) happy
(C) ready
(D) open

Ⓐ Ⓑ Ⓒ Ⓓ

アンナ[4:19 P.M.]
いつもより早く家に帰れる？　今日来てくれた友人から新鮮な野菜をもらったの。何時に帰ってこられるか教えて。あなたが家に帰るまでに夕飯は準備できているよ。

感覚としてはPart 1の問題が3問分だったことに気づいたかな。まず**1問目**。選択肢にはearlyを活用した形が並んでいるね。空欄直後にthan（～よりも）がある。**thanとセットで使われるのは、比較級だよ**。正解は(D) earlier（より早く）。なお、比較級は基本的に2音節までの短い単語（largeやshort）の場合は-erがついてlargerやshorterとなるし、3音節以上の長めの単語（importantやcreative）の場合はmoreがついてmore importantやmore creativeとなるよ。最上級の場合は、the largestやthe shortestのようにthe + -estだったり、the most importantやthe most creativeのようにthe mostだったりするんだ。

2問目の選択肢には、関係代名詞が並んでいる。関係代名詞とは、直前の名詞の説明を加えるための接着剤だ。まずは構文を確認してみよう。

a friend（_____ visited me）.
主語　　　　動詞

このfriendを説明するための関係代名詞が問われているよ。カッコ内の説明を見ると「私を訪問した」だね。つまり、「友人」（どんな人かというと）「私を訪問した」というつながりになる。
空欄を飛ばして読んでみると、a friend（visited me）というふうに関係代名詞を使って説明を加える対象の**名詞a friend**（この名詞を文法用語では先行詞というよ）**と関係代名詞に続くvisitedの関係は主語と動詞**だよね。この場合、名詞が人であればwho、名詞がモノであればwhichかthatとなるんだ。そうすると、a friendは人だから、正解は(B)のwhoだね。

では**3問目**。**異なる単語が並んでいるから語彙問題だね**。The dinner will be …とあるから、ディナーの状態だね。空欄後のby the time you get home（家に帰ってくるまでに）という内容からも、「ディナーが準備できている」と考えられるため、正解は(C) readyだ。

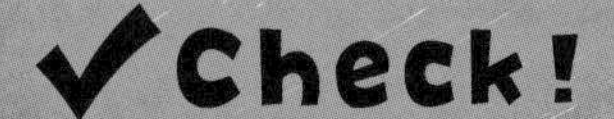

比較・関係代名詞をマスターするためのトレーニングだよ。

1 比較をマスター！

（　　）の中の比較級のうち、適切なほうを選んでください。

1. Quality is (the most important / more important) than prices.

2. The (most important / more important) thing in learning a foreign language is to use it in real situations.

3. To keep our health, sleeping is as (important / more important) as exercising.

2 関係代名詞をマスター！

（　　）の中の関係代名詞のうち、適切なほうを選んでください。

1. Richard works for a company (which / whose) develops electric cars.

2. Anne is looking for an apartment (who / which) is located near the station.

3. We will discount the items (which / whose) prices are more expensive than those of other stores.

4. (Which / What) I like about this printer is speed.

1

1. Quality is **more important** than prices.（質は価格よりも重要だ）
2. The **most important** thing in learning a foreign language is to use it in real situations.（外国語を身につけるのに最も重要なことは、実際の状況で使うことだ）
3. To keep our health, sleeping is as **important** as exercising.（健康を維持するために、睡眠は運動と同じくらい重要だ）

2

1. Richard works for a company **which** develops electric cars.（リチャードは電気自動車を開発する会社で働いている）
2. Anne is looking for an apartment **which** is located near the station.（アンは駅の近くに位置するアパートを探している）
3. We will discount the items **whose** prices are more expensive than those of other stores.（私たちは他の店の商品よりも価格が高い商品を割引する）
4. **What** I like about this printer is speed.（このプリンターについて好きなことはスピードだ）

アドバイス

1

1. than～は、「～よりも○○である」という比較を表すものだよ。thanとセットで使われるのは比較級と呼ばれるmore important。
2. theとセットで使われるのは最上級と呼ばれるmost importantだよ。「最も重要」と1つに特定されるからtheなんだ。ちなみに、one of the most important thingsという言い方もあるんだけれど、それでも「特定される最も重要なことの中の1つ」ということだ。
3. asとasで挟まれているね。この場合は、-er/-estやmore/mostなどがつかない普通の形（原級）が入るんだ。正解はimportantで、「～と同じくらい重要」という意味になるよ。

2

1. 名詞companyの説明を加える関係代名詞を選ぶ。動詞developsが続いているため、主語と動詞をつなぐ際に使うwhichが適切。
2. 名詞apartmentを説明し、後ろに動詞が続く関係代名詞はwhoとwhich。apartmentはモノのため、whichが適切。
3. 名詞itemsを説明。後ろにprices are more expensive（価格が～より高い）と続いている。itemsのpricesという関係となるため、whoseが適切。
4. I like about this printerまでが主語となる名詞であるため、この名詞のカタマリを作るWhatが適切。

力だめし!

出題形式に沿った問題だ。実践で力を発揮できるか、やってみよう!

空欄に当てはまる語彙をA～Dの中から選びましょう。

制限時間 1分

□□ **Questions 1-3 refer to the following memo.**

Thank you for choosing our Premier Coffee Maker model. We are sorry about the ___(1)___ item. Could you return it with the label, ___(2)___ was enclosed in the box? We will send you a new one as soon as possible. We are proud of having the ___(3)___ quality models.

1. (A) impossible
(B) broken
(C) quick
(D) open

2. (A) whose
(B) who
(C) which
(D) it

3. (A) highest
(B) higher
(C) high
(D) height

1. Ⓐ Ⓑ Ⓒ Ⓓ
2. Ⓐ Ⓑ Ⓒ Ⓓ
3. Ⓐ Ⓑ Ⓒ Ⓓ

プレミア・コーヒーメーカーモデルをお選びいただきありがとうございます。壊れた商品につきまして、申し訳ありません。箱に同封されているラベルと一緒にご返送いただけますでしょうか。新しいものをすぐにお送りいたします。弊社モデルの中で最高の品質をお楽しみいただけることを願っております。

1. [B] 難易度 ★★★

解説 選択肢には異なる単語が並んでいるので語彙問題だよ。直前にI'm sorryという謝罪があるね。謝罪するくらいなので、商品が壊れていたんだろう。正解は(B) broken(壊れた)。(A) 不可能な、(C) 素早い、(D) 空いているは、itemと一緒には使われない。

2. [C] 難易度 ★★★

解説 関係代名詞の問題。空欄前の名詞をチェックすると、label(ラベル)だ。空欄後はisとなっているから、label isと主語・動詞の関係になる。labelはモノだから、正解は(C) whichだ。(A) whoseは、後ろに名詞が続くんだったね(p. 135参照)。(B) whoは前の名詞が「人」の場合に使われる。(D) itを使いたい場合は、with the label, and it is enclosed…または、with the label. It is enclosed…と文を分けなければいけないよ。

3. [A] 難易度 ★★★

解説 比較に関する問題。直前にtheがあるから、唯一特定できるということで最上級(A) highestが正解。(B) higher(~より高い)は比較級でthanと一緒に使われるんだったよね。

16日目 文法&語彙②

学習した日
1回目 ／
2回目 ／

複数の文を読んで、文脈を理解して解答しよう！

今回は一文だけでは解けず、複数の文を読み内容を理解して解答する文法&語彙を学習しよう。空欄がある文だけ読めば解けないため、読解力がカギになるよ。

サンプル問題

制限時間 1分30秒

まずは例題を解いてみよう。

□□ **Questions 1-3 refer to the following e-mail.**

To: Guest Service
From: Leonard Wilson
Subject: Files

To whom it may concern:

I __(1)__ at Portline Hotel on January 11. After I checked out, I might have left some files at the __(2)__. I had lunch there from 12:45 P.M. to 1:30 P.M. I'd like to know if you have found __(3)__.

Best regards,
Leonard Wilson

1. (A) stay
(B) stayed
(C) will stay
(D) staying

Ⓐ Ⓑ Ⓒ Ⓓ

2. (A) restaurant
(B) store
(C) station
(D) theater

Ⓐ Ⓑ Ⓒ Ⓓ

3. (A) it
(B) me
(C) him
(D) them

Ⓐ Ⓑ Ⓒ Ⓓ

どうだろう。空欄が入っている文を読んだだけでは正解が出なかったはず。
まず1問目。選択肢には時制が異なる動詞が並んでいるね。最初の文を読んだだけでは、January 11が「過去」なのか「未来」なのかわからないよね。次の文を読むと、After I checked outとすでにチェックアウトしたことがわかる。ということは、滞在したのは過去だとわかるため、正解は過去形の(B) stayedだ。

2問目の選択肢には、異なる単語が並んでいるから語彙問題だね。選択肢は簡単だけど、空欄を含む文だけ読んでも「ファイルを置き忘れたであろう場所」がどこかわからない。次の文を読むと、I had lunch thereと、昼食をその場所で食べたことが伝えられている。昼食を食べる場所だから、正解は(A) restaurantだね。

3問目は代名詞が並んでいる。本文を読むと、haveの後ろに置かれる目的語の代名詞が問われているけど、文法的には全て入ってしまう。そうなると、If you haveに続く代名詞は何を指すのかがポイントだ。「置き忘れたかもしれないファイル」に関する問い合わせだから、「このファイルを持っていれば」ということがわかったかな。ファイルについては、I might have left some filesと複数形で書かれているため、複数形の名詞を指す(D) themが正解だ。

To: ゲスト・サービス
From: レナード・ウィルソン
Subject: ファイル

ご担当者様

私は1月11日にポートラインホテルに滞在しました。チェックアウトをした後、レストランにファイルを置き忘れたかもしれません。12時45分から1時30分までそこでランチを取りました。それらをお持ちかどう確認させていただければと思います。

よろしくお願いいたします。
レナード・ウィルソン

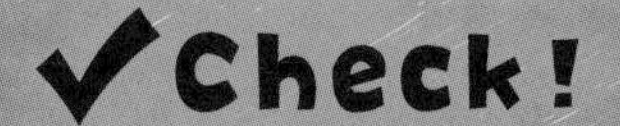

Check!

文法・語彙をマスターするためのトレーニングだよ。

1 関連付けて読み取ろう（文法）

（　　）の中の語句のうち、適切なほうを選んでください。

1. I (will stay / stayed) in Kobe for two days in March. Do you know any good places to visit?

2. I (will download / downloaded) software at your online store. However, it doesn't seem to be working correctly.

3. Ms. Richards is taking care of the order. So if you have any questions, please contact (them / her) directly.

2 関連付けて読み取ろう（語彙）

（　　）の中の語彙のうち、適切なほうを選んでください。

1. We have a problem with the system. We need to (solve / buy) it right away.

2. I like the design, but I don't like the (size / color). Brown is too dark.

3. The meeting room is not (clean / large) enough. We are expecting ten people in total.

1

1. I **will stay** in Kobe for two days in March. Do you know any good places to visit?（3月に2日間、神戸に滞在します。どこか行くべきよい場所を知っていますか？）

2. I **downloaded** software at your online store. However, it doesn't seem to be working correctly.（オンラインストアからソフトウェアをダウンロードしました。しかし、正しく動いていないようです）

3. Ms. Richards is taking care of the order. So if you have any questions, please contact **her** directly.（リチャーズさんが注文を担当しています。そのため、ご質問がある場合は、彼女に直接連絡してください）

2

1. We have a problem with the system. We need to **solve** it right away.（システムに問題があります。すぐに解決する必要があります）

2. I like the design, but I don't like the **color**. Brown is too dark.（デザインは好きですが、色が好きではありません。茶色は暗すぎます）

3. The meeting room is not **large** enough. We are expecting ten people in total.（会議室は十分な大きさではありません。合計10人いる予定です）

アドバイス

1

1. 未来か過去かが問われている時制問題だね。1文目のMarch（3月）が未来か過去かわからない。2文目を読むと、オススメの場所を聞いているから、これから滞在すると推測できるね。
2. こちらも時制問題。ダウンロードをこれからするのか、すでにしたのか不明だね。2文目に「正しく動いていないようだ」とある。ここから、すでにダウンロードしたことがわかるね。
3. 代名詞の問題だ。だれに連絡を取るのかがポイントだね。1文目に「Ms. Richardsが注文を担当している」とある。2文目は「だから、質問がある場合は」と続いているため、Ms. Richards（女性）に連絡をすると判断できる。

2

1. 1文目に「システムに問題がある」とある。何をする必要があるかといえば、当然solve（解決する）だね。
2. デザインは好きで、何が好きではないのだろう。2文目に「茶色は暗すぎる」とあるから、これがヒントになる。好きではないものはcolor（色）だ。
3. 会議室の状態がポイントだね。2文目に「合計10人いる」とあることから、十分でないのは部屋の広さだ。正解はlarge（大きい）。

力だめし！

出題形式に沿った問題だ。実践で力を発揮できるか、やってみよう！

空欄に当てはまる語彙をA～Dの中から選びましょう。

制限時間 1分30秒

□□ Questions 1-3 refer to the following text message.

Richard [1:35 P.M.]
Hi, Ron. I wonder if you can ___(1)___ tomorrow. We have a lot of reservations and need one more person in the kitchen. Instead, ___(2)___ can take a day off next week. If you are not available, please let me know. I ___(3)___ someone else.

1. (A) come
(B) apply
(C) move
(D) say
Ⓐ Ⓑ Ⓒ Ⓓ

2. (A) he
(B) I
(C) you
(D) they
Ⓐ Ⓑ Ⓒ Ⓓ

3. (A) contacted
(B) will contact
(C) have contacted
(D) contacting
Ⓐ Ⓑ Ⓒ Ⓓ

リチャード[1:35 P.M.]
こんにちは、ロン。明日来ていただけるでしょうか。たくさんの予約が入っており、キッチンにあと1人必要なのです。代わりに、来週休みを取れます。都合が悪い場合は、お知らせください。他の人に連絡します。

1. [A] 難易度 ★★☆
解説 語彙問題だね。1文目だけでは明日してほしいことがわからない。2文目を読むと「たくさん予約が入っているから、キッチンにもう1人必要だ」とある。この内容から、してほしいことは(A) comeだ。(B) 応募する、(C) 引っ越す、(D) 言う、は次の文の内容にはつながらない。一文で「意味がつながるかどうか」だけでなく、複数の文を読み、内容が関連するかどうかで判断しよう。

2. [C] 難易度 ★★☆
解説 代名詞の問題だ。だれがtake a day off（休みを取る）ができるかどうかを読み取れたかな。当然、明日働いてほしいと言われている人物だと考えるのが自然なため、正解は(C) you。heやtheyだとだれのことかわからないし、(B)を入れてしまうと「あなたが明日働く代わりに、来週自分が休みを取る」なんてとんでもないよね。

3. [B] 難易度 ★★☆
解説 動詞の時制が問われているね。ここまで読めていれば、このメッセージの受け手の都合が悪い場合は、他の人に連絡を取ると考えられるよね。連絡を取るのは未来のため、(B) will contactが正解。(A) contacted（過去形）と(C) have contacted（現在完了形）を入れると、すでに連絡が終わっていることになってしまう。(D) contacting（動名詞または現在分詞）は文法的に合わない。

17日目 文選択問題

学習した日
1回目 ／
2回目 ／

空欄前後の展開から選択肢を選ぼう！

今回は語句ではなく、文を選ぶ問題を学習しよう。前回と同様、複数の文を読み内容を理解しないと解けないうえに、さらに深い理解が求められるよ。

サンプル問題

制限時間 2分

まずは例題を解いてみよう。

Questions 1-3 refer to the following notice.

This is to announce that Riverside Park __(1)__ for regular maintenance from August 10 to 12. __(2)__ the work, all of the benches will be repainted, pathways will be repaired, and some trees will be trimmed. __(3)__.

1. (A) was closed
(B) will be closed
(C) be closed
(D) closed

Ⓐ Ⓑ Ⓒ Ⓓ

2. (A) Because
(B) While
(C) During
(D) If

Ⓐ Ⓑ Ⓒ Ⓓ

3. (A) However, they are broken.
(B) It's in the main entrance.
(C) Please do not park your car there.
(D) We are sorry for the inconvenience.

Ⓐ Ⓑ Ⓒ Ⓓ

選択肢が文になると、深く読む必要が出てくるね。まず**1問目**は**時制の問題**だ。公園が閉鎖されたのか、これからされるのかがポイントだよ。8月10日から12日が**過去か未来か**わからないけれど、次の文を読むとall of the benches will be repaintedなど、**willが使われている**文が並んでいる。つまり、閉鎖中にそれらの作業を行うことだと判断できるため、正解は未来を表す(B) will be closedだ。

2問目の選択肢に並んでいるのは接続詞や前置詞だね。空欄の後ろにthe workという**名詞が続いているため、空欄に入るのは前置詞だ**。(C) Duringを入れると、During the work（作業中は）となり正解。(A) なぜなら、(B)～の間、(D)もし、はすべて接続詞だよ。

3問目は文を選ぶ問題。**直前の文の内容とつながるものを選ぼう**。直前の文を読むと、ベンチのペンキの塗り直し、小道の修理、木の手入れなど、公園の閉鎖中にどのような作業が行われるかが書かれているね。この内容につながるものは、「ご迷惑をおかけして申し訳ありません」という謝罪を意味する(D)だ。

訳：
リバーサイド公園は8月10日から12日まで、定期メンテナンスのために閉鎖されます。作業中は、全てのベンチのペンキが塗り直され、いくつかの小道が修理され、木が手入れされます。ご迷惑をおかけして申し訳ありません。

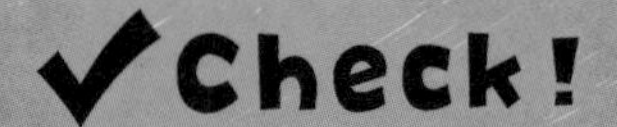

話の展開をつかむためのまとめとトレーニングだよ。

1 並べ替えよう！

英文を読み、1から始まり自然な展開になるように、[　]に2～4を記入してください。

1.

[1] Thank you for your interest in our service.

[　] Let me know if you have any questions.

[　] Please look at the attached document.

[　] It includes information on our service with users' comments and prices.

2.

[1] Andy, do you have time to stop by the cleaner's?

[　] You need to wear it to the party.

[　] Pick up your suit today or tomorrow.

[　] It's on Saturday!

3.

[1] I ordered a suitcase at your store last week.

[　] However, the lock is damaged.

[　] So I'd like to replace it with a new one.

[　] It was delivered to me this morning.

解答+解説

1

1. [1][4][2][3]

[1]当社のサービスに興味をお持ちいただきありがとうございます。[2]添付の資料をご覧ください。[3]サービスとともにユーザーのコメントと価格の情報が含まれています。[4]ご質問がありましたらお知らせください。

2. [1][3][2][4]

[1]アンディ、クリーニング屋に立ち寄る時間はある？[2]今日か明日にスーツを取ってきてね。[3]パーティにそれを着ていく必要があるよ。[4]パーティは土曜日だよ！

3. [1][3][4][2]

[1]先週、お店でスーツケースを注文しました。[2]今朝それが配達されました。[3]しかし、カギが壊れています。[4]そのため、新しいものと交換していただきたいのです。

アドバイス

1

1. 代名詞Itが何を指しているかを意識しながら読めたかな? Itはattached document(添付の資料)のことだよ。

2. wear itのitは、suitを指しているよ。It's on Saturday!のItはpartyのことだよ。

3. 代名詞Itはsuitcaseのことだとわかったかな。それから、接続詞So（だから）は直前の内容の理由が続くと判断できる。さらに、話の展開を伝える副詞However（しかし）は、直前の内容を受けて、「しかし」と話を逆転させる働きがある。このように、順番を特定する語句は大きなヒントになるよ。

力だめし！

出題形式に沿った問題だ。実践で力を発揮できるか、やってみよう！

空欄に当てはまる語彙をＡ～Ｄの中から選びましょう。

制限時間 2分

□□ **Questions 1-3 refer to the following text message.**

Matt [11:53 A.M.]
I'm sorry for this late reply. I was __(1)__ for a meeting. Thank you for inviting me for lunch, but I'm afraid I won't be free tomorrow. ___(2)___. I hope I can __(3)__ you next time!

1. (A) late
(B) happy
(C) familiar
(D) away　Ⓐ Ⓑ Ⓒ Ⓓ

2. (A) It's an Italian restaurant.
(B) Please come back by 2:00 P.M.
(C) I have a dental appointment.
(D) Here's the photo.　Ⓐ Ⓑ Ⓒ Ⓓ

3. (A) joining
(B) join
(C) to join
(D) joins　Ⓐ Ⓑ Ⓒ Ⓓ

訳：マット[11 : 53 A.M.]
遅いお返事でごめんなさい。会議で席を外していました。ランチにお誘いいただきありがとうございます。でも、あいにく明日は空いていません。歯医者の予約があるのです。次回にご一緒できればと思います！

1. [D] 難易度 ★★★

解説 異なる単語が並んでいるから、語彙問題だね。1文目では返事が遅くなったことを謝っているね。その理由を伝えていると考えられるので正解は(D) awayだ。away for a meetingで「会議でいなかった」という意味だ。(A)のlate for a meetingだと「会議に遅れた」となってしまい、返事が遅くなった理由にはならないよ。

2. [C] 難易度 ★★★

解説 文を選ぶ問題だ。直前の文を読むと、ランチに誘ってくれたことに感謝しつつも、I won't be freeと時間がないことを伝えている。(C)を入れると「歯医者の予約がある」と、お誘いを断らないといけない理由になる。お誘いに断る場合は、「行けない」だけだと不親切だから、ちゃんと理由を添える大人の対応をするよ。lunchとあるからという理由で(A)のItalian restaurantに飛びつかなかったかな。(B)の「午後2時までに戻ってきてください」では前の文の内容とつながらない。(D)のようにいきなり写真を送られてもビックリしちゃうよ。

3. [B] 難易度 ★☆☆

解説 動詞joinの使い方の問題だね。空欄の前に助動詞canがあるのがポイントだ。助動詞の後は動詞の原形というルールがあったよね。正解は(B) join。この問題は意味よりも、文法の知識が問われているね。選択肢から文脈を読み取る必要があるのか、文法の知識だけで解けるのかを判断できるようになってきたかな。

単語力アップのための方法

単語をすぐに覚えられる方法ってないでしょうか。なかなか覚えられないんです。

単語学習の悩みは、もっとも多い悩みの1つだね。ただ、単語を覚えられないのは、記憶力が悪いからじゃないので安心していいよ。

突然だけど、イメージしてみよう。真夏にアイスクリームを外に放置しておくとどうなるかな。すぐに溶けてしまうね。何も不思議じゃない。単語を学んで、そのまま放置しておくとどうなるかな。忘れる。これも不思議じゃない。自然な流れなのに、「自分には記憶力がない」とか「やっぱり向いてない」と思ってしまう人が多いんだ。

アイスクリームの周りにドライアイスを置くことで、数時間そのままの状態にしておけるように、単語の周りにいろいろな情報を置き、関連づけることで記憶に残りやすくなる。重要なのは、「忘れないようにする努力」ではなく、「思い出しやすくする仕掛け」なんだ。

・仕掛け① 反復

人の名前を覚えるときには、顔と名前を一致させるだけではなく、何度も呼んで覚えている。人とも会えば会うほど仲良くなれるように、単語も例文を繰り返し読んだり、声に出したりするほど覚えられるよ。

・仕掛け② 音読

見て覚えるだけでなく、口や耳も一緒に使うことで思い出しやすくなる。皆さんは当然「掛け算九九」は暗記しているよね。それは、見ただけでなく何度も何度も声に出したからだ。何度も声に出すことで、単語もリズムで覚えられるようになるよ。

・仕掛け③ フレーズ

突然だけど、ここでクイズ。次の（　　　）に入るのはどんな言葉かな？

1. ぐっすり（　　　　　）
2. 風邪を（　　　　　）

簡単だね。なぜ簡単かというと、「ぐっすり眠る」や「風邪をひく・治す」のようにフレーズのまま頭に入っているからだ。これが「ネイティブの感覚」なんだ。単語が「単体」で使われることはない。覚えるときも、cold（風邪）のように単体ではなく、catch a cold（風邪をひく）のように意味をしっかりイメージしながら、フレーズで学習しよう。

リーディング

Part 3

読解問題

Part別学習法

18日目 チャット

19日目 ウェブサイト・お知らせ

20日目 Eメール・ビジネス文書・記事

出題スタイル、傾向は？

読解問題では、基本的に８つの文書が出題され、各文書に２～３の設問がついている。文書はメールや手紙、お知らせ、広告、レシート、スケジュールなど様々だ。他のパートと同じように、日常とビジネスの話題が出題されるよ。Part 1とPart 2を終えて残った時間がPart 3の時間だ。しっかり読むためにも20分以上確保することを目指そう。

WANT TO RELAX IN A RESORT?

Enjoy beautiful beaches right in front of our hotel!

・Located in a safe neighborhood
・Only a 30-second walk to the beach
・Fireworks every weekend
・Ocean-view rooms, delicious meals, a live performance, and much more!

$550 per adult
$300 per child

Our multi-lingual customer service staff are available 24 hours a day.
For more information, visit our Web site at www.codertravels.com.

①宣伝内容をチェック！

②情報を得る方法をチェック！

1. What is being advertised?
(A) A rental car.
(B) An ocean cruise.
(C) A firework show.
(D) A resort hotel.

ホテルだから(D)だ！

2. How do people get more information?
(A) By talking to staff.
(B) By going online.
(C) By reading a catalogue.
(D) By calling a travel agent.

ウェブサイトだから、
オンラインの(B)！

攻略のポイント、学習の仕方は？

生徒：長文は苦手だし、嫌いです……。
Jay：全部理解しようとして読むからだよ。あくまで問題で求められている情報を読み取ればいいんだ。ゲーム感覚で答えを探してみるといいよ。暗号を読み解く「解読」じゃなくて、内容を読み取る「読解」だからね。リスニングのPart 3やPart 4と同じように設問をチェックしよう。ここでも「概要問題」か「詳細問題」だよ。

攻略ポイント：設問から必要な情報をチェック！

WANT TO RELAX IN A RESORT?
Enjoy beautiful beachs ...
・Located in the safe ...
・Only 30-second walk ...
・Fireworks every weekend

目的や概要は冒頭や話の流れからチェック！
詳細問題はピンポイントで探す

生徒：レシートとか注意書きくらいだったら何とか読める気がするんですけど、メールとか手紙って結局、全部読まないと解けないですよね。
Jay：もちろん、エスパーじゃないんだから、全く読まずに解答はできないよ（笑）。でも、文書には文書の構造ってのがあるんだ。詳しくはこのあとのページで学習するけど、まず最初に「目的」や「概要」が伝えられるんだ。ほら、友達からのメールだって「来週の食事会の件だけど」って、何の話かわかるように最初に伝えるでしょ？ そのあとで、細かい話に入っていくんだ。
この構造を理解したうえで、あとはリスニングのPart 3やPart 4と同じように、問題を解いたあと、日本語訳と英文を確認してから、仕上げに内容を理解するためにしっかりと文書を読むこと。繰り返し読んでいると、似た話に遭遇したときには同じ単語やフレーズが使われるから、おもしろいほどスラスラ読めるよ。

学習ポイント：学習の仕上げに、文書の内容を理解しながらしっかり読む！

18日目 チャット

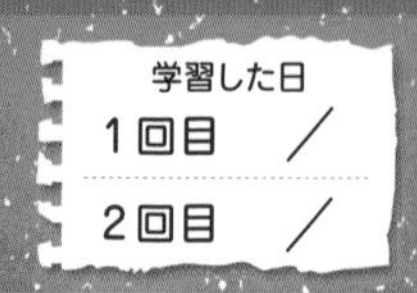

会話の流れをチェック！

チャットは文字による会話だね。内容から職種や概要を特定したり、次の展開を推測したりすることが求められる。また、依頼や提案がされることも多いのが特徴だよ。

サンプル問題

制限時間 1分30秒

では、例題を解いてみよう。

Questions 1-2 refer to the following text message.

Maggie

Hi Wayne. I think I left my file on my desk. Could you bring it with you to the meeting this afternoon?

Wayne

1. What does Maggie ask Wayne to do?

(A) Reschedule a meeting.
(B) Bring an item.
(C) Reserve a meeting room.
(D) Make a phone call.

2. Select the best response to Maggie's message.

(A) "It's not mine."
(B) "Usually, at two o'clock."
(C) "Sure, no problem."
(D) "Nice meeting you, too."

マギー
こんにちは、ウェイン。私は自分のファイルを机の上に置き忘れたと思うんです。 今日の午後、会議に持ってきていただけますか。

1. マギーはウェインに何をするよう頼んでいますか。
(A)会議の予定を変更すること。
(B)物をもってくること。 正解
(C)会議室の予約をすること。
(D)電話をかけること。

2. マギーのメッセージに対する最もよい応答を選択してください。
(A)「私のものではありません」
(B)「いつもは2時です」
(C)「もちろん問題ありません」 正解
(D)「会えて私も光栄です」

重要語句

□left（置き忘れる：leaveの過去形） □bring（持ってくる）

スマホの画面だからチャットだということがわかりやすいね。このタイプをtext message.と呼ぶんだ。1問目は「依頼内容」が問われている。Maggieが冒頭で「ファイルを置き忘れた」と伝えている。その後に書かれているCould you…?が依頼表現だと気づいたかな。内容はbring it with youと「会議に持ってきていただけますか？」とある。これを示すのは(B)だね。

次にWayneの発言が白紙になっているね。これは返事として適切なものを選ぶ問題なんだ。2問目のMaggieの依頼に対する応答として成り立つものを読み取れたかな。「もちろん」と依頼を受け入れている(C)が正解だ。

チャット系の文書には、今回のtext messageやtext-message chainというスマホでのやり取りのほかに、パソコン画面でのやり取りであるonline chat conversationも出るよ。２つの読み方は基本的に同じだから、今日の学習でしっかりと慣れよう。

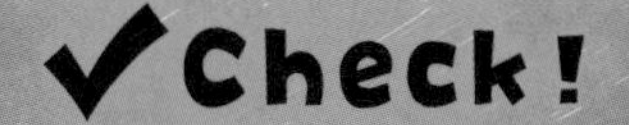

構造をつかむためのトレーニングだよ。

チャット系のやり取りでは、冒頭からチャットの目的を把握することが大切だ。内容には問題の報告や、依頼、提案が多く登場するよ。

冒頭をチェック！　チケット予約の話だ

Amy's Messages		
Hana	10:24 A.M.	Hi Amy. I tried to reserve two tickets for the musical on October 10, but they're already sold out!
Amy	10:27 A.M.	I'm sorry to hear that. How about a week after? Are you available?
Hana	10:30 A.M.	I'm ok. Can I invite my sister, Sara? She wanted to see the musical, too. You've met her before, haven't you?
Amy	10:35 A.M.	Of course! I'd love to see her again. I hope we can reserve seats next to each other.

提案！　依頼！

1 指さしピンポイント

問題を読み、上の本文から答えを探して指をさしてみましょう。

1. What is the problem?（問題点をチェック！）

2. What does Amy suggest?（Amyの提案をチェック！）

3. Who is Sara?（Saraという人物がだれかをチェック！）

4. What does Amy hope for?（Amyが希望している内容をチェック！）

1

1. チケットが売り切れ
冒頭のHanaの発言に「10月10日のミュージカルのチケットを予約しようとしたら、売り切れだった（they're already sold out!)」と書かれているよ。このように問題が問われている場合は、「手に入らない」や「～できない」、「遅れ」などの内容が多いよ。

2. 1週間後に延期する
チケットが売り切れという情報を受けて、AmyはHow about a week after?（1週間後はどうですか）と提案している。How about…?で「～はどうですか」という提案の表現だということも覚えておこう。

3. Hanaの姉妹
Can I invite my sister, Sara?（姉妹のSaraを誘ってもいい？）と伝えている。

4. 隣同士の席が予約できること
Amyの発言の最後にI hope we can reserve seats next to each other.（隣同士で席を予約できるといい）とある。

問題訳

Hana 10:24 A.M.：こんにちは、エイミー。10月10日のミュージカルのチケットを2枚予約しようとしたんだけど、もうチケットは完売していたの！
Amy 10:27 A.M.：それを聞いてとても残念。1週間後はどう？ 都合はいい？
Hana 10:30 A.M.：私は大丈夫。 妹のサラを誘ってもいい？ 彼女もミュージカルを見たがってたの。 彼女には会ったことあるよね？
Amy 10:35 A.M.：もちろん！ また会いたいわ。 隣同士で席を予約できるといいね。

1. 何が問題ですか。
2. Amy は何を提案していますか。
3. Saraはだれですか。
4. Amyは何を希望していますか。

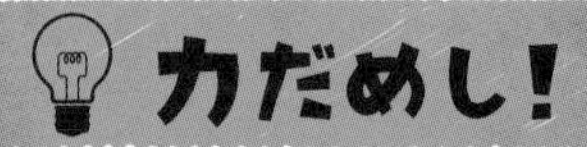
力だめし！

出題形式に沿った問題だ。実践で力を発揮できるか、やってみよう！

空欄に当てはまる語彙をＡ～Ｄの中から選びましょう。

制限時間 5分

Questions 1-2 refer to the following text message.

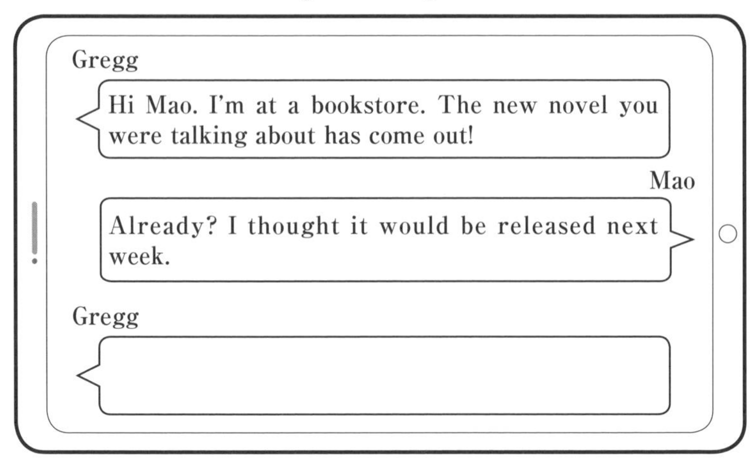
Gregg
Hi Mao. I'm at a bookstore. The new novel you were talking about has come out!
Mao
Already? I thought it would be released next week.
Gregg

1. Why is Mao surprised?

(A) Gregg arrived early.

(B) The price has increased.

(C) A book is on sale.

(D) The store is closed.

Ⓐ Ⓑ Ⓒ Ⓓ

2. Select the best response to Mao's message.

(A) "Shall I buy one for you?"

(B) "I'll be back then."

(C) "Near the station."

(D) "I prefer magazines."

Ⓐ Ⓑ Ⓒ Ⓓ

Questions 3-5 refer to the following online chat discussion.

Taku's Messages		
Joan	3:10 P.M.	Hi Taku. I received the cabinets. I ordered four, but only three arrived at our office. Could you check if we ordered correctly?
Taku	3:30 P.M.	Sorry it took a while to check the orders. I found out that one has been sent to the IT department by mistake.
Joan	3:32 P.M.	Thanks. There's no hurry, but make sure we have it next week.
Taku	3:33 P.M.	OK. It'll be done by Friday morning.

3. Why did Joan contact Taku?
(A) To discuss a design.
(B) To confirm an order.
(C) To send him a document.
(D) To ask for permit.

4. What is suggested about one of the cabinets?
(A) It is in the wrong place.
(B) It has been broken.
(C) It is out of stock.
(D) It can be locked.

5. What will happen by Friday morning?
(A) A new employee will join the team.
(B) An order will be sent.
(C) Taku will complete a form.
(D) Joan will receive the cabinet.

解答＋解説

1-2 問題文訳

Gregg：こんにちはマオ。私は本屋にいます。あなたが話していた新しい小説が出ました！

Mao：もう？ 来週発売だと思いました。

重要語句

□come out（発売される） □ be released（発売された）

□ on sale（発売中で） □ shall I ～?（～しましょうか）□ prefer（好む）

1.［C］ 難易度 ★★★

解説 Maoがびっくりしている理由が問われているね。本屋にいるというGreggが「あなたが話していた新しい小説が発売されている」と教えてあげている。その情報に対して、Already?（もう？）と驚いて、「来週発売だと思った」と驚いた理由を伝えているよ。本が売られていることに驚いたため、正解は(C)の「本が発売中である」だ。

2.［A］ 難易度 ★★★

解説 適切な応答が問われているよ。Maoが本が売られていることで驚いたことに対しての応答だ。「買っていこうか？」と優しい提案をしている(A)が自然だ。(B)その時に戻る、(C)駅の近く、(D)雑誌のほうが好き、は応答にはならないね。

3-5 問題文訳

Joan：こんにちは、タク。キャビネットを受け取りました。私は4つ注文しましたが、オフィスに到着したのは3つだけでした。正しく注文したかどうか確認できますか。

Taku：注文を確認するのにしばらく時間がかかってしまい、ごめんなさい。誤ってIT部に送られたことがわかりました。

Joan：ありがとう。急いでいるわけではありませんが、来週には必ず届いているようにしてください。

Taku：了解。金曜日の朝までに完了します。

重要語句

□cabinet（棚） □correctly（正しく）
□take a while（しばらく時間がかかる） □by mistake（間違って）
□hurry（急ぎ） □make sure（必ず～する）

3. [B] 難易度 ★★☆

解説 JoanがTakuに連絡を取った理由は、冒頭から読み取ろう。キャビネットを受け取ったものの、4つ頼んだのに、3つしか届いていないようだね。「正しく注文したか確認してほしい」と依頼している。「注文を確認すること」と要約している(B)が正解だ。

4. [A] 難易度 ★★★

解説 What is suggested about…?は「～について何がわかりますか」という意味だ。キャビネットについて本文をしっかり読み取ったうえで、内容が正しい選択肢を選ぶという読解力が問われる問題だよ。Takuが確認をしたら、「1つは間違ってIT部に送られた」とある。これを表す(A)「間違った場所にある」が正解。

5. [D] 難易度 ★★☆

解説 金曜日の朝までに起こることを特定しよう。Joanが「来週には必ず届いているようにしてください」と依頼したのに対して、It'll be done by Friday morningと金曜の朝までには完了することを伝えている。完了するのはキャビネットの移動だから、正解は(D)「Joanはキャビネットを受け取る」だ。

19日目 ウェブサイト・お知らせ

学習した日
1回目 ／
2回目 ／

素早く情報を見つけよう！

ウェブサイトやお知らせでは、冒頭で文書の概要が書かれ、詳細内容へと入るんだ。内容が箇条書きになっていることも多いよ。一緒に学習しておこう。

サンプル問題

制限時間 2分

では、例題を解いてみよう。

Questions 1-2 refer to the following notice.

CAUTION
For safety reasons,
Please follow these rules

- Dogs must be leashed at all times.
- Children under the age of 12 must be accompanied by an adult.
- Keep off the flower beds.
- No alcoholic drinks.

For bicycles for rental, visit our office near the park gate.

1. Where is the notice probably found?
(A) In a hotel.
(B) At a swimming pool.
(C) In a restaurant.
(D) In a park.

Ⓐ Ⓑ Ⓒ Ⓓ

2. Why should people visit the office?
(A) To find a map.
(B) To ask for refund.
(C) To rent a bicycle.
(D) To check in luggage.

Ⓐ Ⓑ Ⓒ Ⓓ

注意
安全上の理由から、
次のルールを守ってください。
・犬はいつでも鎖でつながれていなければなりません。
・12歳未満のお子様は大人の同伴が必要です。
・花壇に入らないでください。
・アルコール飲料は不可です。
レンタル自転車については、公園のゲート近くの私たちの事務所を訪ねてください。

1. お知らせはどこにあるでしょうか。
(A) ホテル内。
(B) プール。
(C) レストラン。
(D) 公園内。 正解

2. なぜ人々はオフィスを訪問するべきですか。
(A) 地図を見つけるため。
(B) 払い戻しを要求するため。
(C) 自転車をレンタルするため。 正解
(D) 荷物を預けるため。

1問目。このお知らせがある場所が問われている。**「どんな場所にありそうか」という意識で読み始めよう。** 冒頭でCAUTION（注意）とあることから、注意事項だとわかる。その後ルールが箇条書きで書かれている。dogsやflower beds（花壇）のほか、最後に場所がはっきりとわかるpark gate（公園の門）とあることから、正解は(D)。

2問目。オフィスに行くべき理由が問われているね。**visit the officeに関する内容を本文から特定しよう。** お知らせの最下部にオフィスに行く理由として、For bicycles for rentalとあるね。よって、正解は(C)の「自転車を借りるため」だ。公園のサイクリングは気持ちよさそうだね。

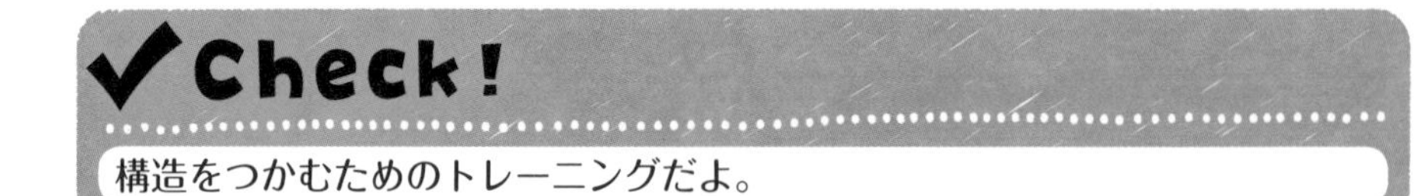
✔Check!
構造をつかむためのトレーニングだよ。

ウェブサイトやお知らせのほか、レシートや注文書、請求書や求人広告なども頻出だ。いずれも情報が並んでいるため、ピンポイントで読み取ったり、書かれている情報と書かれていない情報を分類することも求められるよ。

タイトルは絶対チェック！
仕事の機会？「あ、求人だな」

https://www.round-quest.com/jobs.html

HOME	Overview	Jobs	Contact

Job Opportunity

募集は販売スタッフだ。

Round Quest is currently seeking sales staff to work in one of our nationwide store chains.

Required Qualifications:

Qualificationは「資格」のこと。
箇条書きは資格だね。

・High school degree
・Minimum 3 years of work experience in sales
・Good communication skills
・Familiarity with word-processing software
・Fluent English

最後は応募方法だ。

To apply, please send your résumé to Jay Hudson at j.hudson@roundquest.com.

重要語句

□job opportunity（仕事の機会）
□seek（探す）：look for（探す）とともに求人広告によく使われる。
□required（必須の）：絶対に必要なものを指す。
□qualification（資格）：経験や業績など。
□degree（学位）：大卒はcollege degreeやuniversity degreeという。
□minimum（最低）：at least（少なくとも）も同義語。年数等に使われる。
□familiarity（精通）：詳しいこと。
□résumé（履歴書）

1 指さしピンポイント！

What is NOT a required qualification for the position?

書かれているものに☑をしてください。

☐ High school degree.

☐ Computer skills.

☐ Experience in working abroad.

☐ Ability to speak English

☐ Driving skills

☐ Ability to talk well with people.

解答＋解説

1

・書かれているもの（カッコ内は本文の表現）

High school degree / Computer skills(=Familiarity with word-processing software) / Ability to speak English (=Fluent English) / Ability to talk well with people (= communication skills)

・書かれていないもの

Experience in working abroad（海外での勤務経験）、Driving skills（運転技術）

問題訳

ラウンドクエストは現在、全国の店舗チェーンの１つで働く販売スタッフを募集しています。

必要な資格：

・高卒の学歴

・最低３年の営業での実務経験

・よいコミュニケーション力

・ワープロソフトに慣れていること

・流ちょうな英語

応募するには、履歴書をj.hudson@roundquest.comのJay Hudsonに送ってください。

出題形式に沿った問題だ。実践で力を発揮できるか、やってみよう！

制限時間 6分

□□ Questions 1-3 refer to the following invoice.

Invoice
Grand Ortis
www.grand-ortis.com

Ship to:
Mr. George Anderson
120 Gordon Street
Springfield

Item	Price
JCL Round Table	$2,000.00
White Deluxe Sofa	$4,500.00
TDS Cabinet	$3,200.00
Discount	-$1,940
Total	$7,760.00

Order Date: February 20
Payment: By February 25
Expected Delivery Date: March 10

If you wish to cancel the orders, please contact our customer service at 555-1123 by March 1.

1. What kind of business is Grand Ortis?
(A) A restaurant.
(B) A furniture store.
(C) A car dealer.
(D) A web design company.

2. When will the items be delivered to Mr. Anderson?
(A) On February 20.
(B) On February 25.
(C) On March 1.
(D) On March 10.

3. What should Mr. Anderson do if he wants to cancel the orders?
(A) Visit a Web site.
(B) Call Grand Ortis.
(C) Fill out a form.
(D) Visit the nearest store.

1. Ⓐ Ⓑ Ⓒ Ⓓ
2. Ⓐ Ⓑ Ⓒ Ⓓ
3. Ⓐ Ⓑ Ⓒ Ⓓ

□□ **Questions 4-6 refer to the following notice.**

> **Notice**
>
> Thank you for visiting the National Museum of Art. Please follow these rules:
>
> ・Food and beverages are not allowed.
> ・Pets are not allowed.
> ・Street parking is strictly prohibited.
> ・Non-flash photography is allowed except for the NO PHOTO areas.
>
> OPEN:
> Mondays-Fridays: 10A.M.–6P.M.
> Saturdays and Sundays: 11A.M.–4P.M.
>
> Information on upcoming exhibitions are available at the counter.
> Only a limited number of lockers are available for your convenience.

4. Who is the notice for?
(A) Amateur photographers.
(B) Visitors to a facility.
(C) Restaurant guests.
(D) Apartment residents.

5. What is NOT mentioned in the notice?
(A) People cannot park on the street.
(B) Dogs are prohibited in the building.
(C) Non-members cannot use lockers.
(D) People can check information on future events.

6. What time does the museum open on weekends?
(A) 9:00 A.M.
(B) 10:00 A.M.
(C) 11:00 A.M.
(D) 12:00 P.M.

4. Ⓐ Ⓑ Ⓒ Ⓓ
5. Ⓐ Ⓑ Ⓒ Ⓓ
6. Ⓐ Ⓑ Ⓒ Ⓓ

1-3 問題文訳

請求書

グランドオーティス

www.grand-ortis.com

送り先：

ジョージ・アンダーソン様

120ゴードンストリート　スプリングフィールド

品物	価格
JCLラウンドテーブル	2,000ドル
ホワイトデラックスソファ	4,500ドル
TDSキャビネット	3,200ドル
値引き	－1,940ドル
合計	7,760ドル

注文日：2月20日

支払い：2月25日まで

配達予定日：3月10日

ご注文をキャンセルする場合は、3月1日までにカスタマーサービス555-1123までご連絡ください。

重要語句

□invoice（請求書）□cabinet（棚）□payment（支払い）
□expected（予想される）

1. [B] 難易度 ★☆☆

グランドオーティスはどのような企業ですか。

(A) レストラン。

(B) 家具店。

(C) 自動車ディーラー。

(D) ウェブデザイン会社。

グランドオーティスの業種が問われているよ。名前からは判断できないから、表にある商品から業種を特定しよう。テーブル、ソファ、キャビネットが注文されていることから、(B)の家具屋だと推測できる。

2. [D] 難易度 ★☆☆

品物はいつアンダーソンさんに届けられますか。

(A) 2月20日。

(B) 2月25日。

(C) 3月1日。

(D) 3月10日。

アンダーソンさんに商品が配達される日をピンポイントで読み取ろう。Expected Delivery Date（配達予定日）にMarch 10とあることから、正解は(D)。

3. [B] 難易度 ★☆☆

もし注文をキャンセルしたいならアンダーソンさんは何をすべきですか。

(A) ウェブサイトを訪問する。

(B) グランドオーティスに電話をかける。

(C) 用紙に記入する。

(D) 最寄りの店を訪れる。

注文をキャンセルしたいときについて読み取る。一番下にIf you wish to cancel the ordersとあるため、その内容を読み取る。please contact our customer service at…と電話番号が伝えられているため、正解は(B)。

4-6 問題文訳

お知らせ

国立美術館を訪問していただきありがとうございます。次のルールを守ってください。

・飲食物は禁止されています。

・ペットは禁止されています。

・路上駐車は固く禁止されています。

・撮影禁止エリアを除き、フラッシュをたかない撮影が許可されています。

開館：

月曜日～金曜日：午前10時～午後6時

土曜日と日曜日：午前11時～午後4時

今後の展示に関する情報は、カウンターで入手できます。

数に限りはありますがロッカーをご利用いただけます。

重要語句

□following（次の） □beverage（飲み物） □allow（許可する）
□be strictly prohibited（厳しく禁止される）□photography（写真）
□except for（～を除いて） □upcoming（来たる） □exhibition（展示）
□available（手に入る） □ limited（限られた） □facility（施設）
□resident（住民）

4. [B] 難易度 ★★★

お知らせはだれに向けたものですか。

(A) アマチュア写真家。

(B) 施設への訪問者。

(C) レストランのお客様。

(D) アパートの住人。

だれ向けのお知らせかが問われている。内容から推測するタイプの問題だけど、基本的には冒頭でわかることが多いんだ。Thank you for visiting the National Museum of Art.とお礼の言葉で始まり、続いて「ルールを守ってね」と伝えている。これを読む人は、「美術館に来たお客様」だよね。museumをfacility（施設）と言い換えている(B)が正解。

5. [C] 難易度 ★★★

お知らせで述べられていないものは何ですか。

(A) 路上に駐車できない。

(B) 犬が建物内で禁止されている。

(C) 会員でない人はロッカーを使用できない。

(D) 将来のイベントに関する情報を確認できる。

NOT問題は箇条書きが怪しいよ！書かれているものを消去しながら解こう。２つめの項目のPets are not allowed.が(B)のこと。PetsがDogsに、not allowed（許可されない）がprohibited（禁止されている）に言い換えられている。そして、Street parking is strictly prohibited.が(A)のこと。箇条書き部分の内容に対応するものは他にないから読み進めると、営業時間の下のお知らせに、Information on upcoming exhibitions is available at the counter.と「今後のイベントの情報」の提供があるとわかる。これを指すのが(D)。よって、正解は(C)。ロッカーの記述はあるけど、非会員が使えないとは書いていない。

6. [C] 難易度 ★★★

博物館は週末、何時に開きますか。

(A) 午前９時

(B) 午前10時

(C) 午前11時

(D) 午後12時

週末の開館時間が問われているから営業時間をチェックしよう。Weekendsだから土日のことだね。11時と書かれているから正解は(C)。

20日目 Eメール・ビジネス文書・記事

学習した日
1回目 ／
2回目 ／

文書の構造とストーリーの流れをおさえる

今日はEメールをはじめとするビジネス文書や記事を学習しよう。ウェブサイト等と比べると見た目のメリハリがないため、読解力が必要となるよ。冒頭で目的や概要が伝えられ、徐々に詳細へと入っていく流れをしっかりとつかもう。

サンプル問題

制限時間 3分

では、例題を解いてみよう。

Questions 1-3 refer to the following e-mail.

To: Rika Windle
From: Springfield Business
Date: April 10
Subject: Survey

Dear Rika Windle,

Thank you very much for subscribing to the Springfield Business magazine. In order to help us better serve our customers, we would be happy if you could take a moment to complete an online customer satisfaction survey at www.springfieldbusiness.com/survey.html. The deadline for this survey is a week from today.

By completing the survey, you will receive a $5 coupon to be used at major restaurants. If you have any questions, please reply to this e-mail.

Springfield Business

1. What is the purpose of the e-mail?
(A) To recommend a magazine.
(B) To confirm a payment.
(C) To reply to questions.
(D) To ask for opinions.

2. When is the deadline for the survey?
(A) This week.
(B) Next week.
(C) In two weeks.
(D) In three weeks.

3. What will Ms. Windle receive if she completes the survey?
(A) A magazine.
(B) Money.
(C) A coupon.
(D) Food.

1. Ⓐ Ⓑ Ⓒ Ⓓ
2. Ⓐ Ⓑ Ⓒ Ⓓ
3. Ⓐ Ⓑ Ⓒ Ⓓ

宛先：リカ・ウィンドル
From：Springfield Business
日付：4月10日
件名：調査

親愛なるリカ・ウィンドル様

Springfield Businessマガジンを購読していただき、ありがとうございます。お客様により良いサービスを提供するために、www.springfieldbusiness.com/survey.htmlでオンラインの顧客満足度アンケートにご記入ください。この調査の締め切りは、今日から1週間です。

調査を完了すると、主要なレストランで使用される5ドルのクーポンを受け取ります。ご質問がある場合は、このメールに返信してください。

スプリングフィールド・ビジネス

1. Eメールの目的は何ですか。
(A) 雑誌を推薦すること。
(B) 支払いを確認すること。
(C) 質問に返信すること。
(D) 意見を求めること。 正解
2. 調査の締め切りはいつですか。
(A) 今週。
(B) 来週。 正解
(C) 2週間後。
(D) 3週間後。

3. 調査を完了すると、ウィンドルさんは何を受け取りますか。
(A) 雑誌。
(B) お金。
(C) クーポン。 正解
(D) 食べ物。

まず、1問目。目的は冒頭からチェックしよう。定期購読のお礼から始まっているけど申し込みではないよ。2文目にwe would be happy if you could…とお願いが書かれている。その内容がcomplete an online customer satisfaction survey(顧客満足度調査に記入する)だ。満足しているかどうかを答えるアンケートのため、大きく言い換えている(D)の「意見を求める」が正解。こういう言い換えも多いから、本文だけでなく選択肢を正しく読む力も求められているよ。

続いて2問目。deadlineとは締め切りのこと。第一段落の最後にThe deadline for this survey is a week from today.とある。これは「今日から1週間後」、つまり来週のことだね。正解は(B)。

最後に3問目。調査に記入すると何かがもらえるらしいよ。それを読み取ろう。第2段落にあるBy completing the survey, you will receive a $5 coupon…がわかったかな。クーポン券がもらえるため、そのまま選択肢に入っている(C)が正解。(B)や(D)を選んでしまった人は「自分が欲しいもの」の選択をしたのかもね。

重要語句

□survey(調査)　□subscribe to…(～を定期購読する)
□serve(サービスを提供する)　□take a moment(少し時間を取る)
□complete(記入する)　□customer satisfaction survey(顧客満足度調査)
□deadline(締切)　□coupon(クーポン)　□reply(返信する)
□recommend(お勧めする)　□confirm(確認する)　□payment(支払い)

✔Check!

構造をつかむためのトレーニングだよ。

Eメールは差出人と受取人、件名をチェックしてから本文を読もう。役割とトピックがわかると読みやすい。本文は冒頭で目的や概要をつかむことができると、その後の展開を読みやすくなるよ。

メールの受取人と差出人、件名（Subject）はしっかりチェックしておこう！
Confirmationは「確認」のこと。
何かの確認のためのメールだね。

To: Anthony Ferth
From: Sports Times
Date: March 3
Subject: Confirmation

受取人

Dear Anthony Ferth,

冒頭で目的や概要がわかる。
しっかり読み取ろう。
subscriptionは「定期購読」だ。

Thank you very much for applying for a subscription to our weekly newsletter, Sports Times. You have been added to our mailing list, and will start receiving the newsletter from next week. I'm sure you'll enjoy the interviews with athletes and information about exciting events related to many kinds of sports.
To stop receiving the newsletter, simply click the "Unsubscribe" link included in each letter.

Sports Times

差出人

内容はだんだんと詳細へと入っていくよ。
Sports Timesの内容説明や解除の方法も読み取ろう。

重要語句

□confirmation（確認）：申し込みや登録のほか注文や支払いなどにも使われる。
□apply for…（申し込む）：求人広告や募集事項に「応募する」でも使う。
□subscription（定期購読）：新聞や雑誌、メルマガなどに使うよ。
□athletes（スポーツ選手）：アスリートのこと。
□related to…（～に関連する）：relationshipというと「関係」のこと。
□simply（単純に）：simpleの副詞。

1 指さしピンポイント！

1. What is Sports Times?（新聞？ 雑誌？ それとも他のもの？）
2. How often is Sports Times sent?（送られる頻度をチェック！）
3. When will Anthony begin to receive Sports Times?
（受け取り開始の日を特定しよう）
4. How can Anthony stop receiving Sports Times?
（「もういらない」となったときの解約法をチェック！）

解答＋解説

1

1. newsletter（ニュースレター）。メールで送られる広報誌のようなもの。
2. weekly（毎週の、週ごとの）。特定できたかな。
3. next week（次週）。start receiving the newsletter from next week がポイント。
4. click the "Unsubscribe" link（「登録解除」リンクをクリック）。To stop receiving the newsletterの後ろを読み取る。

問題訳

宛先：アンソニー・ファース
From：Sports Times
日付：3月3日
件名：確認

親愛なるアンソニー・ファース様
週刊ニュースレター、スポーツタイムズの定期購読にお申し込みいただき、ありがとうございます。あなたはメーリングリストに追加され、来週からニュースレターの受信を開始します。 アスリートとのインタビューや、多くの種類のスポーツに関連するエキサイティングなイベントに関する情報をお楽しみいただけます。
ニュースレターの受信を停止するには、各レターに含まれる「登録解除」リンクをクリックするだけです。
スポーツタイム
1. Sports Timesとは何ですか。
2. Sports Timesはどのくらいの頻度で送られますか。
3. Anthonyはいつ Sports Timesを受け取り始めますか。
4. Anthony はどのようにstop receiving Sports Timesを受け取るのをやめることができますか。

力だめし！

出題形式に沿った問題だ。実践で力を発揮できるか、やってみよう！

□□ Questions 1-3 refer to the following e-mail. 制限時間 6分

To: Irene Megan
From: Jessica Reynolds
Date: August 10
Subject: Suggestion

Irene,

Have you heard that Wendy will go to Tokyo in two months? As you know, she teaches English at a language school in Seattle, but has decided to work in Tokyo for at least five years as an English teacher at a school. Why don't we have a going-away party for her with some friends from university? I'll contact her to give us her evening schedule for next month. Since you are familiar with some places for this kind of party, can you reserve a good place to hold the party? It would be nice if we could have a big party for Wendy.

Jessica

1. Why did Jessica write the e-mail?
(A) To introduce her friend.
(B) To suggest holding a party.
(C) To ask about a university.
(D) To change a schedule.

2. What is Wendy's job?
(A) A travel agent.
(B) A language instructor.
(C) A sports photographer.
(D) A flight attendant.

3. What is suggested about Irene?
(A) She will work for a university.
(B) She owns a restaurant.
(C) She will move to Seattle.
(D) She knows a lot about event spots.

1. Ⓐ Ⓑ Ⓒ Ⓓ
2. Ⓐ Ⓑ Ⓒ Ⓓ
3. Ⓐ Ⓑ Ⓒ Ⓓ

☐☐ **Questions 4-6 refer to the following article.**

April 2 — A children's super hero Gary Endo was born in France and raised in Singapore. He got interested in acting when he was only 4 years old when he saw the movie "Rising Monster." At the age of 10, he joined EST Acting Academy, where some famous actors learned as well. He became popular soon after he appeared in a TV show, "Super Student." He played the role of Daniel Sheldon, who has psychic ability and solves one problem after another. Gary's life has a lot of lessons we should learn from, and his first book "Dreams Come True" will come out next week. He is traveling around the country for book signing events, starting in New York on May 5.

4. What is the article mainly about?
(A) Introduction of a TV program.
(B) A profile of an actor.
(C) Success of a school.
(D) A review of a book.

5. What is stated about EST Acting Academy?
(A) It has several schools in the country.
(B) It is targeted for children.
(C) It was established by a TV station.
(D) It has taught some famous people.

6. What will happen next week?
(A) Gary will appear on TV.
(B) Gary will visit New York.
(C) Gary's book will be published.
(D) Gary's movie will be shown.

4. Ⓐ Ⓑ Ⓒ Ⓓ
5. Ⓐ Ⓑ Ⓒ Ⓓ
6. Ⓐ Ⓑ Ⓒ Ⓓ

解答＋解説

1-3 問題文訳

問1-3は次のEメールに関するものです。

宛先：アイリーン・ミーガン

差出人：ジェシカ・レイノルズ

日付：8月10日

件名：提案

アイリーン、

ウェンディが2カ月後に東京に行くと聞きましたか。知ってのとおり、彼女はシアトルの語学学校で英語を教えていますが、少なくとも5年間、東京の学校で英語教師として働くことを決めました。大学の友人たちと一緒に彼女のために送別会を開きませんか。彼女に連絡して来月の夜の予定を教えてもらうよう頼みます。あなたは、この種のパーティの場所に詳しいから、パーティを開催するのに適した場所を予約できますか？　ウェンディのために大きなパーティができたらいいですね。

ジェシカ

重要語句

□at least（少なくとも）　□going-away party（送別会）

□be familiar with（～に詳しい）　□introduce（紹介する）

□own（所有する）

1. [B] 難易度 ★★★

なぜジェシカはEメールを書きましたか。

(A) 彼女の友人を紹介するため。

(B) パーティの開催を提案するため。

(C) 大学について尋ねるため。

(D) 予定を変更するため。

Jessicaがメールを書いた理由とは、つまり目的が問われているよ。冒頭で「Wendyが東京行くって聞いた？」とあり、Why don't we have a going-away party for her…?とパーティの開催を提案している。このことを言い換えている(B)が正解。友達思いのいい人だ。

2. [**B**] 難易度 ★★★

ウェンディの職業は何ですか。

(A) 旅行代理店。

(B) 言語インストラクター。

(C) スポーツ写真家。

(D) 客室乗務員。

Wendyの職業が問われている。2行目にshe teaches English at a language school in Seattleとある。つまり英語の先生だね。これを言い換えている(B)が正解。(A)旅行会社、(C)スポーツカメラマン、(D)フライトアテンダントの情報はない。

3. [**D**] 難易度 ★★★

アイリーンについて何が暗示されていますか。

(A) 大学で働く予定だ。

(B) レストランを所有している。

(C) シアトルに引っ越す予定だ。

(D) イベントの場所について知っている。

Ireneに関する正しい内容を読み取る問題。Ireneはこのメールの受取人だから、メール内ではyouと書かれていることに注意しよう。後半にあるSince you are familiar with some places for this kind of partyという内容から、パーティに適した場所を知っていそうなことが伝わってくる。これを言い換えている(D)が正解。意外と幹事タイプの人なんだね。

4-6 問題文訳

問4-6は次の記事に関するものです。

4月2日― 子どもたちのスーパーヒーロー、ゲイリー・エンドーは、フランスで生まれ、シンガポールで育ちました。彼は4歳で映画「ライジングモンスター」を見たとき、演技に興味を持ちました。10歳で彼はEST アクティングアカデミーに入りました。そこでは、何人かの有名な俳優も学びました。彼はテレビ番組「スーパースチューデント」に出演してすぐに人気を博しました。ダニエル・シェルドンの役を演じましたが、それは超能力を持ち、次々と問題を解決するという役です。ゲイリーの人生には多くの教訓があります。彼の初の著書『夢が叶う』は来週出版されます。彼は5月5日にニューヨークを始め、本のサイン会のために全国を旅します。

重要語句

□be born（生まれる） □be raised（育てられる）
□get interested in…（～に興味を持つ） □at the age of…（～歳で）
□actor（俳優） □as well（～も） □appear（登場する）
□play a role（役を演じる） □psychic ability（超能力）
□solve（解決する） □one…after another（次々と）
□book signing event（サイン会） □establish（設立する）

4. ［B］難易度 ★★★

この記事の主な内容は何ですか。
(A) テレビ番組の紹介。
(B) 俳優のプロフィール。
(C) 学校の成功。
(D) 本のレビュー。

記事の概要が問われている。冒頭または全体の流れから判断しよう。子どもたちのスーパーヒーローとしてGary Endoの生い立ちから人気が出るまでが紹介されているね。Gary Endoのプロフィールを伝えるための記事だと判断できたかな。正解は(B)だ。テレビや本のことも書かれていたけど、(A)の番組紹介や、(D)の書評ではないよ。

5. [**D**] 難易度 ★★★

EST アクティングアカデミーについて何が述べられていますか。

(A) 国内にいくつかの学校がある。

(B) 子どもを対象としている。

(C) テレビ局によって設立された。

(D) 有名人を教えてきた。

EST Acting Academyについての記述を読み取ろう。名称の直後にwhere some famous actors learned as well.とある。有名人もここで学んだことがわかるため、(D)の「有名人を教えてきた」が正解。言い換えを特定できたかな。

6. [**C**] 難易度 ★★☆

来週は何が起こりますか。

(A) ゲイリーがテレビに登場する。

(B) ゲイリーがニューヨークを訪問する。

(C) ゲイリーの本が出版される。

(D) ゲイリーの映画が公開される。

来週のことを読み取ろう。最後の文にhis first book "Dreams Come True" will come out next week…と来週のことが書かれている。本が出ることがわかるため、正解は(C)。publishは「出版する」という意味だ。

模擬試験

模擬試験の取り組み方

- 時計などを用意し、本番の時間に合わせて取り組みましょう。
- リスニング（Part 1～4）の時間は約25分です。音声ファイル05_39.mp3に、実際の試験に時間を合わせた音声を収録しているので、流しっぱなしで解いてみましょう。
  05_01.mp3～05_38.mp3は、設問ごとの音声ファイルです。見直すときにお使いください。
- リスニングが終わったら、リーディング（Part 1～3）に取り掛かります。時間は35分です。
- 解答用のマークシートはp.246にあります。コピーするなどして、手元に置いて使いましょう。本番の試験では、問題用紙に書き込みをしてはいけません。
- 解き終えたら、p.214以降の解答・解説を見ながら答え合わせをしましょう。
- p.247にある「問題タイプ別正解チェック一覧」も活用しましょう。

Listening Part 1

1.

(A)

(B)

(C)

(D)

2.

(A)

(B)

(C)

(D)

3.

(A)

(B)

(C)

(D)

4.

(A)

(B)

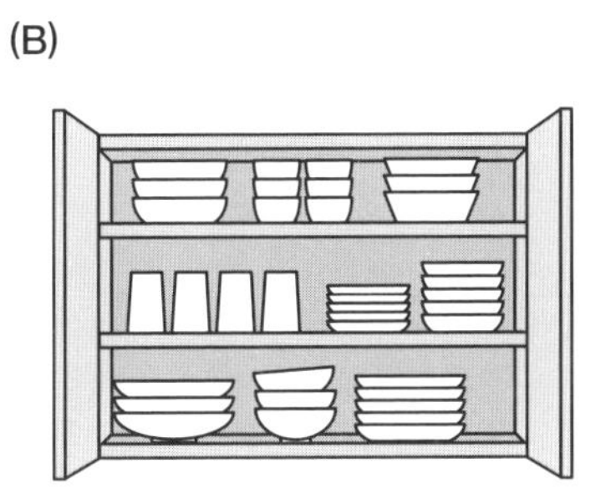

(C)

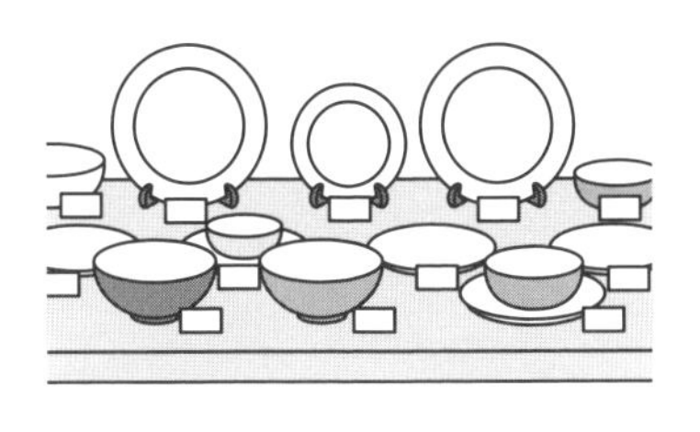

(D)

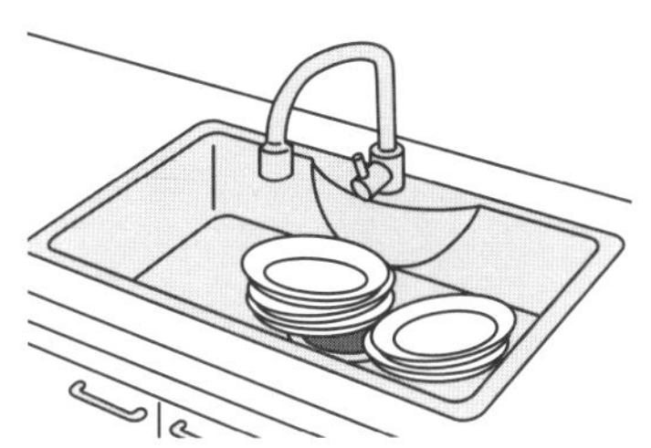

GO ON TO THE NEXT PAGE

05_05～06

5.

(A) (B) (C) (D)

6.

(A) (B) (C) (D)

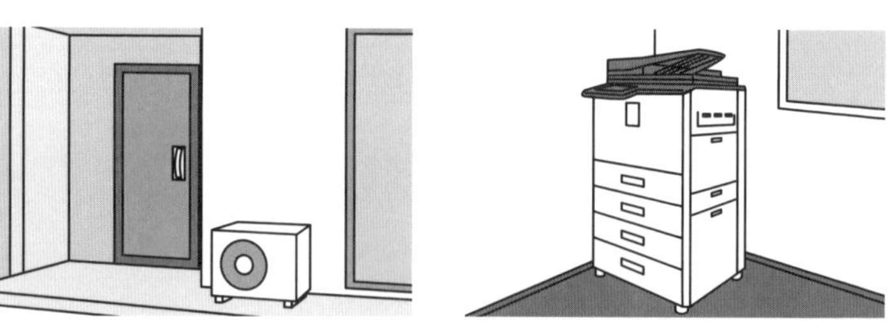

Part 2

7. Mark your answer on your sheet.
   (A) Yes, I've been there.
   (B) Next week.
   (C) With my family.
   (D) About seven hours.

8. Mark your answer on your sheet.
   (A) Yesterday.
   (B) At the library.
   (C) Daniel did.
   (D) Yes, it is.

9. Mark your answer on your sheet.
   (A) Sure, no problem.
   (B) Thank you for your help.
   (C) He'll be back on Wednesday.
   (D) I'll pay by credit card.

10. Mark your answer on your sheet.
    (A) Yes, but only a few minutes.
    (B) We arrived at the same time.
    (C) I already checked it.
    (D) Before I ate lunch.

11. Mark your answer on your sheet.
    (A) Every morning.
    (B) Around the corner.
    (C) Two kilometers.
    (D) Can I borrow it?

GO ON TO THE NEXT PAGE

12. Mark your answer on your sheet.
(A) I went to the museum.
(B) I'm free on Sunday.
(C) At 7:30.
(D) For six hours.

13. Mark your answer on your sheet.
(A) I'm not so tired.
(B) It was nice meeting you.
(C) Yes, by tomorrow morning.
(D) No, not yet.

14. Mark your answer on your sheet.
(A) Actually, I like the old one better.
(B) Just sign your name here.
(C) Congratulations!
(D) Isn't it new?

15. Mark your answer on your sheet.
(A) 200 dollars with tax.
(B) Made in Malaysia.
(C) Yes, I'll be back soon.
(D) It's not heavy.

16. Mark your answer on your sheet.
(A) I didn't borrow any.
(B) Take the main street.
(C) Up to ten books.
(D) It's open until 5:00 P.M. today.

05_17～21

17. Mark your answer on your sheet.
(A) Oh, I didn't know that.
(B) Thank you very much.
(C) Who's done it?
(D) No, it's not mine.

18. Mark your answer on your sheet.
(A) Yes, I'll show you.
(B) Twenty copies, please.
(C) No, I have one.
(D) Sounds good.

19. Mark your answer on your sheet.
(A) You're welcome.
(B) Neither, thanks.
(C) Yes, I like it very much.
(D) Only a dollar.

20. Mark your answer on your sheet.
(A) About 45 minutes by car.
(B) The traffic is heavy.
(C) No, I didn't hear it.
(D) I watched a baseball game.

21. Mark your answer on your sheet.
(A) Because it was fun.
(B) I've just moved to this town.
(C) It's already started.
(D) Are there any good ones?

GO ON TO THE NEXT PAGE

22. Mark your answer on your sheet.
(A) To reserve a room.
(B) For two nights.
(C) I stayed with coworkers.
(D) Not until next week.

23. Mark your answer on your sheet.
(A) Yes, you should.
(B) The meeting will start at 2:00 P.M.
(C) How can I do that?
(D) On sales.

24. Mark your answer on your sheet.
(A) Yes, we do.
(B) According to the schedule, yes.
(C) I came here by bus.
(D) At the ticket counter.

25. Mark your answer on your sheet.
(A) It's already sold out.
(B) Turn right at the intersection.
(C) I've lost my glasses.
(D) Is there any store near here?

26. Mark your answer on your sheet.
(A) We've been busy lately.
(B) Yes, I sent my résumé.
(C) I'm looking forward to meeting her.
(D) To Singapore and the Philippines.

Part 3

27. Where are the speakers?
(A) At a post office.
(B) At a computer shop.
(C) At a train station.
(D) At a bakery.

28. How much will the man pay?
(A) $2.00.
(B) $3.50.
(C) $15.50.
(D) $35.00.

---

29. What does the man want to know?
(A) The location of an event.
(B) The business hours of a library.
(C) The number of applicants.
(D) The price of some work.

30. Why are the speakers happy?
(A) They will get some help.
(B) They can attend an event.
(C) They can buy new items.
(D) They will get a new job.

GO ON TO THE NEXT PAGE

31. What does the woman ask the man to do?
(A) Contact a client.
(B) Set up a computer.
(C) Read a manual.
(D) Print out a document.

32. When will the woman meet Jack?
(A) This morning.
(B) This afternoon.
(C) Tomorrow morning.
(D) Tomorrow afternoon.

Hotel	Location
Grand Hotel	On Fifth Avenue
Sky Hotel	Near the airport
Central Hotel	Park area
Columbus Hotel	Business area

33. What does the woman say about last year?
(A) She moved to New York.
(B) She attended a conference.
(C) She joined the man's team.
(D) She wrote an article.

34. Look at the list. Where will the man probably stay?
(A) Grand Hotel.
(B) Sky Hotel.
(C) Central Hotel.
(D) Columbus Hotel.

EVENING LIVE SHOWS	
Tuesday	Beans & Leaves
Wednesday	Andrew Hillman
Thursday	Celine Ueda
Friday	Crowns

35. Look at the schedule. Which live show will the speakers go to?
(A) Beans & Leaves'.
(B) Andrew Hillman's.
(C) Celine Ueda's.
(D) Crowns'.

36. What will the man do next?
(A) Book a table.
(B) Talk to coworkers.
(C) Send an e-mail.
(D) Meet a client.

GO ON TO THE NEXT PAGE →

Part 4

37. What will happen in 5 minutes?
(A) A demonstration will begin.
(B) The store will close.
(C) Some food will be ready.
(D) A repair will end.

38. Who is Dan?
(A) A store owner.
(B) A radio reporter.
(C) A magazine writer.
(D) A photographer.

---

39. Why is the speaker calling?
(A) To correct some errors.
(B) To ask for a visit.
(C) To schedule an interview.
(D) To reply to a question.

40. What time does the store close?
(A) At 7 P.M.
(B) At 8 P.M.
(C) At 9 P.M.
(D) At 10 P.M.

05_34 ~ 35

41. Who is the speaker?
(A) A driver.
(B) A waiter.
(C) A tour guide.
(D) A station attendant.

42. What do the listeners need to do?
(A) Put their luggage in a locker.
(B) Wear protective equipment.
(C) Avoid talking in the building.
(D) Show their identification cards.

---

43. Where are the listeners?
(A) At an airport.
(B) At a fitness center.
(C) At a festival.
(D) At a job fair.

44. What will the listeners do next?
(A) Watch a video.
(B) Listen to music.
(C) Complete a form.
(D) Introduce themselves.

GO ON TO THE NEXT PAGE

45. What is the problem?
(A) A train has been delayed.
(B) A ticket machine is broken.
(C) Some flights have been canceled.
(D) Seats are fully booked.

46. What can the listeners do at the counter?
(A) Ask for directions.
(B) Buy some tickets.
(C) Check a timetable.
(D) Get a refund.

Order Form	
Stickers	80
Brochures	100
Pens	120
Paper bags	90

47. Look at the order form. Which amount needs to be changed?
(A) 80.
(B) 100.
(C) 120.
(D) 90.

48. What does the speaker ask the listener to do?
(A) Send a document.
(B) Check an e-mail.
(C) Meet a director.
(D) Return a call.

Workshops	
Days	Topics
Monday	Sales Activities
Tuesday	Team Building
Wednesday	Meeting
Thursday	Presentation

49. Look at the schedule. Which workshop is already full?
(A) Sales Activities.
(B) Team Building.
(C) Meeting.
(D) Presentation.

50. How can the listeners register for the workshops?
(A) By attending a session.
(B) By completing a form.
(C) By calling an office.
(D) By accessing a Web site.

Reading Part 1

51. Express delivery is available at ——— cost.
(A) add
(B) addition
(C) additionally
(D) additional

52. Mark Gonzales opened ——— store on Main Street last week.
(A) he
(B) his
(C) himself
(D) him

53. A marketing expert wrote an article on successful ——— .
(A) promote
(B) promotional
(C) promotionally
(D) promotion

54. LC Classics Ltd. is famous ——— stylish footwear.
(A) for
(B) on
(C) by
(D) with

55. The number of visitors to Hawaii has increased ——— this month.
(A) proudly
(B) importantly
(C) sharply
(D) formally

56. Toshi Matsumoto often plans ——— events with his friends.
(A) enjoy
(B) enjoyed
(C) enjoyable
(D) enjoying

57. The company picnic was cancelled ——— the bad weather.
(A) due to
(B) because
(C) and
(D) while

58. Richard Reynolds ------- suggests that the team should have a meeting soon.
(A) strong
(B) strongly
(C) strength
(D) strengthen

59. Anyone ——— has a library card can enter the museum free of charge.
(A) whose
(B) what
(C) who
(D) which

60. Lisa Johnson spoke ——— than any other participant at the speech contest.
(A) long
(B) the longest
(C) length
(D) longer

GO ON TO THE NEXT PAGE

61. The Personnel Department holds leadership seminars ------- for new managers.
(A) regularly
(B) hopefully
(C) quickly
(D) dramatically

62. Seats must ------- at least two weeks before the Annual Convention.
(A) reservation
(B) be reserved
(C) reserve
(D) reserving

63. ------- Natalie Derek had only a little experience, she achieved her sales goal.
(A) Because
(B) Until
(C) Although
(D) But

64. James Anderson received an ------- to the party.
(A) invitation
(B) organization
(C) attendance
(D) experience

65. The ------- schedule for the project has been posted on the wall.
(A) professional
(B) light
(C) eligible
(D) complete

Part 2

Questions 66 – 68 refer to the following text message.

Michel [10:20 A.M.]

Hi Ryan. ___(66)___ the weather forecast, it's likely to rain this weekend. Should we ___(67)___ the picnic? Instead, we could play indoor sports such as basketball or badminton in the gym. Let __(68)___ know what you think.

66. (A) According to
(B) Even
(C) In case of
(D) While

67. (A) add
(B) cancel
(C) return
(D) order

68. (A) my
(B) I
(C) me
(D) mine

GO ON TO THE NEXT PAGE

Questions 69 – 71 refer to the following advertisement.

Pal Book Sale

March 21 9:00 A.M. – 6:00 P.M.

Get novels, non-fictions, children's books, and more at discounted __(69)__! Pal Bookstore will have a book sale. We have a large __(70)__ of books, so find your favorite! The store is located on Main Street, __(71)__ is just across from Milton Station.

69. (A) receipts
(B) prices
(C) shops
(D) help

70. (A) select
(B) selected
(C) selective
(D) selection

71. (A) which
(B) whose
(C) who
(D) what

Questions 72 – 74 refer to the following note.

Hi Yuri,

Did you see the new logo design? I like it because it's __(72)__ than the current one.

However, I think it's __(73)__ colorful for our brand image. Don't you think we should talk with the designer soon? __(74)__.

Terry

72. (A) simpler
(B) simplest
(C) simple
(D) simplify

73. (A) but
(B) again
(C) too
(D) over

74. (A) I especially like the advertisement.
(B) What do you think?
(C) We also have black and white.
(D) Thank you for the design.

GO ON TO THE NEXT PAGE

Questions 75 – 77 refer to the following memo.

Thank you for ___(75)___ at Wader Hotel. We are sorry that our ___(76)___ is closed because it has some water trouble. Please check the map for some places to eat. ___(77)___. For any questions, please talk to our staff. We apologize for any inconvenience.

75. (A) stay
(B) stays
(C) staying
(D) stayed

76. (A) pool
(B) fitness room
(C) restaurant
(D) bus

77. (A) Payment is already made.
(B) Delivery is also available.
(C) You can use an early check-in.
(D) They plan a renovation.

Questions 78 – 80 refer to the following e-mail.

To: Stephanie Mosby

From: Layla Patterson

Subject: Lecture

Dear Ms. Mosby:

I __(78)__ your lecture on June 24. I was impressed with your research on wildlife animals. I teach at a high school in Melbourne, and I wonder if you could give a talk to my students sometime in the future. __(79)__. We will cover your cost of transportation __(80)__ pay a lecture fee based on our school standards. I'm looking forward to hearing from you.

Best regards,

Layla Patterson

78. (A) attending
(B) will attend
(C) attend
(D) attended

79. (A) Any topic is fine.
(B) A document will be sent.
(C) I went there, too.
(D) We are closed during summer.

80. (A) and
(B) if
(C) by
(D) also

GO ON TO THE NEXT PAGE →

Part 3

Questions 81 – 82 refer to the following text message.

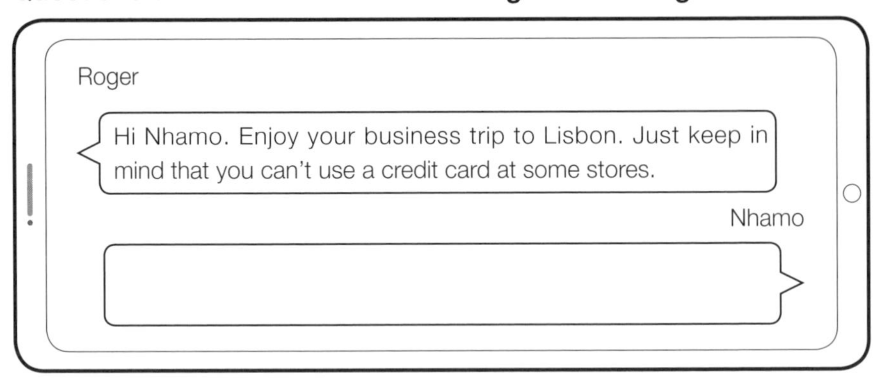

Roger
Hi Nhamo. Enjoy your business trip to Lisbon. Just keep in mind that you can't use a credit card at some stores.
Nhamo

81. What does Nhamo plan to do?
(A) Change jobs.
(B) Take a vacation.
(C) Travel on business.
(D) Open a store.

82. Select the best response to Roger's message.
(A) "Cash, please."
(B) "I've never been there before."
(C) "Let me know if any."
(D) "Thank you for the information."

Questions 83 - 84 refer to the following invoice.

Invoice

Premcom

www.prem-com.com

Ship to:

Ms. Rachael Green

3150 Pacific Drive

Oakville

Item	Price
1 Laptop computer AXQ200s 1 Laptop battery for AXQ200s 2 DHK computer speaker	$900.00 $30.00 $40.00
Tax	$97.00
Total	$1,067.00

Order Date: October 28

Payment: Credit Card

Expected Delivery Date: November 4

Please call the Customer Service Department for inquiries at 555-6996.

83. What does the store sell?
(A) Electronics.
(B) Furniture.
(C) Sports equipment.
(D) Groceries.

84. When were the items ordered?
(A) On October 24.
(B) On October 28.
(C) On November 2.
(D) On November 4.

Questions 85 – 86 refer to the following e-mail.

To: Mona Wright
From: Carl Sagan
Date: July 30
Subject: Annual Health Checkup

Dear Ms. Wright,

I am writing to confirm my appointment tomorrow at 9 A.M. for my annual health checkup.

I was asked to bring my identification card, but do I need to bring anything else? I would appreciate it if you could contact me by 6 P.M. today.

I look forward to hearing from you soon.

Regards,
Carl Sagan

85. What will happen at 9:00 A.M. tomorrow?
(A) A clinic will call Mr. Sagan.
(B) A checkup will begin.
(C) Mr. Sagan will receive a call.
(D) An e-mail will be sent.

86. What does Mr. Sagan ask Ms. Wright to do?
(A) Cancel the appointment.
(B) Prepare a document.
(C) Reply to the question.
(D) Order some equipment.

Questions 87 – 89 refer to the following advertisement.

Job Opportunity

A leading sports equipment distributor Park Goods is currently looking for motivated and hard-working sales people to work in a fast-paced international environment.

Required Qualifications:

- Fluent English and Japanese
- Ability to work under stress
- Minimum 5 years sales experience
- Flexibility

Please submit your résumé to welovefun@parkgoods.com. For a detailed job description, please visit our Web site at www.parkgoods.com/jobdetails.html.

87. What position is being advertised?
(A) Amateur athletes.
(B) Software engineers.
(C) Translators.
(D) Sales staff.

88. What is NOT one of the requirements?
(A) Ability to speak two languages.
(B) Flexibility.
(C) College degree.
(D) Previous experience.

89. How can interested people get more information?
(A) By calling Park Goods.
(B) By visiting the Web site.
(C) By reading the next page.
(D) By joining a job fair.

GO ON TO THE NEXT PAGE →

Questions 90 – 91 refer to the following text message.

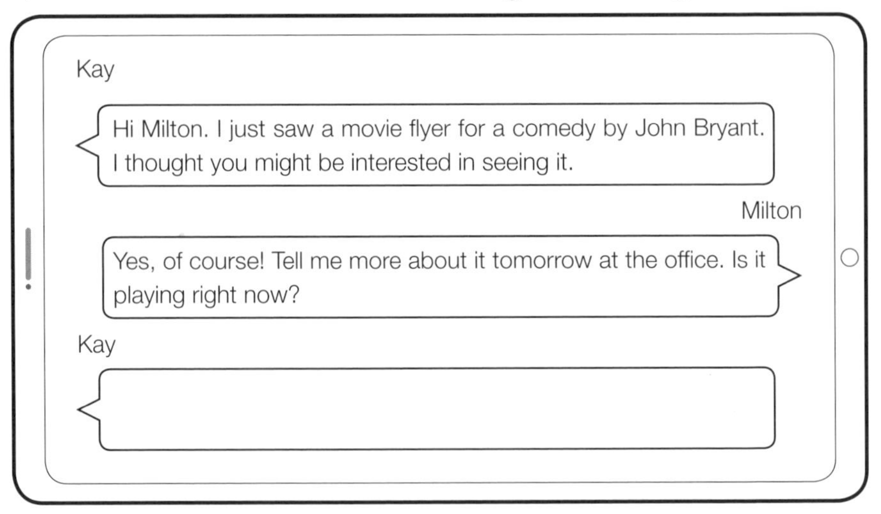

Kay
Hi Milton. I just saw a movie flyer for a comedy by John Bryant. I thought you might be interested in seeing it.
Milton
Yes, of course! Tell me more about it tomorrow at the office. Is it playing right now?
Kay

90. Who most likely are the writers?

(A) Coworkers.
(B) Family members.
(C) Classmates.
(D) Musicians.

91. Select the best response to Milton's message.

(A) "I can play the guitar."
(B) "I don't know the title."
(C) "When is it?"
(D) "No, it'll start next month."

Questions 92 – 94 refer to the following online chat conversation.

Sandra's Messages	
Sandra 10:02 A.M.	Hi Jim. Are you still looking for someone to buy your sofa? A friend of mine, George, has moved to an apartment near mine, and he wants it.
Jim 10:08 P.M.	I'm glad to hear that! Can you come to East Town? I want to sell my sofa to someone who can come to my apartment.
Sandra 10:10 A.M.	Sure. He said he would rent a van, and come to you. How about this Saturday or Sunday? I'll be coming with him, too.
Jim 10:13 A.M.	I'll be free Saturday afternoon. How about 3:00 P.M.? I'll send you my address later today.

92. What does George want to do?
(A) Buy some furniture.
(B) Rent an apartment.
(C) Get a new job.
(D) Attend a party.

93. What is suggested about Jim?
(A) He moved to a new place.
(B) He works with George.
(C) He owns a car.
(D) He lives in East Town.

94. What does Sandra write about George?
(A) He sent an e-mail to her.
(B) He will pay on Sunday.
(C) He works in the afternoon shift.
(D) He will drive to Jim's place.

GO ON TO THE NEXT PAGE

Questions 95 – 97 refer to the following information.

The City Library will hold the Annual Charity Live Concert on Saturday, April 7 at Green Park, starting from 9:00 A.M. to 5:00 P.M. The entry fee is $10 for adults and $3 for children under 12. The event will include a sale of used-books, which are mostly under $5, food stands, and games for kids. Last year, donations were used to renovate the library.

In case of rain, the event will be held in the gymnasium. Please check our Web site for updates.

95. Where will the event be held?
(A) At a park.
(B) At a library.
(C) At a concert hall.
(D) At a restaurant.

96. What was the donation used for last year?
(A) A building renovation.
(B) A exercise space.
(C) A security system.
(D) Food preparation.

97. Why should people visit the Web site?
(A) To register for an event.
(B) To see a map around the area.
(C) To find updated information.
(D) To donate some money.

Questions 98 – 100 refer to the following notice.

Gibson Elevators

Annual elevator maintenance for Takahara Building will be held as follows:

	Elevator	Time
January 10	Elevator A Wing 1	8:00 A.M. - 11:00 A.M.
January 11	Elevator B Wing 1	11:00 A.M. - 2:00 P.M.
January 12	Elevator C Wing 2	1:00 P.M. - 4:00 P.M.
January 13	Elevator D Wing 2	1:00 P.M. - 4:00 P.M.

There will be three elevators operating at all times to avoid any inconvenience to the office workers. We appreciate your cooperation in this necessary maintenance check. Your safety is our priority. Please call Bob Young, who supervises the project, at 555-6066, if you have any questions or concerns. Thank you.

98. Who is the notice for?
(A) Maintenance crew.
(B) Store customers.
(C) Office workers.
(D) Patients.

99. What time will the work start on January 11?
(A) At 8:00 A.M.
(B) At 11:00 A.M.
(C) At 1:00 P.M.
(D) At 2:00 P.M.

100. Who is Bob Young?
(A) The building tenant.
(B) The project supervisor.
(C) The president of a company.
(D) The elevator mechanic.

GO ON TO THE NEXT PAGE

模擬試験　解答・解説

Listening Part 1 (p.184)

1．[C] 難易度 ★☆☆ イギリス　05_01.mp3

A man is cleaning the window.（男性が窓を掃除している）

解説

主語のA manは全てに描かれているため、動作cleaning（掃除をしている）が聞き取れたかどうかがカギ。正解は(C)。windowは複数のイラストにあるため、**動詞の聞き取りがポイント**だ。

2．[A] 難易度 ★☆☆

オーストラリア　05_02.mp3

People waiting outside.（外で待っている人々）

解説

waiting outside（外で待っている）がポイント。バス停は外にあるため(A)が正解。(D)も人々は待っているが、レジのため店内である。

3．[C] 難易度 ★☆☆ アメリカ　05_03.mp3

A woman is selecting food items.（女性が食品を選んでいる）

解説

全てのイラストに女性がいるため、**動作の聞き取りがポイント**。selecting（選んでいる）を表しているのは(C)。(A)と(B)にfood items（食料品）はあるが動作が異なっている。

4．[D] 難易度 ★★☆ イギリス　05_04.mp3

Dishes in the sink.（流しの中の複数枚のお皿）

解説

全てのイラストにdishes（お皿）があるため、**位置関係や状態の聞き取り**が求められている。in the sink（流しに）という正しいイラストは(D)。

5．[B] 難易度 ★★☆

オーストラリア　05_05.mp3

People are standing near a round table.（人々が丸いテーブルの近くで立っている）

解説

主語・動詞（People are standing）から、**立っている人々**が書かれているイラストに絞り込める。round table（丸いテーブル）の近くという**位置関係の描写**のため、正解は(B)。

6．[D] 難易度 ★★☆ アメリカ　05_06.mp3

A machine placed in the corner.（角に置かれた機械）

解説

写っているものは全てmachineと呼ぶことができる。**具体的な場所がポイント**となる。in the corner（角に）とあるため、正解は(D)。

Listening Part ❷ (p.187)

7. [B] 難易度 ★☆☆

(イギリス)(オーストラリア) 05_07.mp3

When are you leaving for Hawaii?（いつハワイへ出発しますか）

(A) はい、そこへ行ったことがあります。

(B) **来週です。**

(C) 家族とです。

(D) 約7時間です。

When（いつ）で聞かれているため、直接答えている(B)が正解。**WH疑問文に対してYes/Noはルール違反**のため、(A)は即消去できる。

【語句】 leave for…（～へ出発する）

---

8. [C] 難易度 ★☆☆

(アメリカ)(イギリス) 05_08.mp3

Who borrowed the newest novel?（だれが最新の小説を借りましたか）

(A) 昨日です。

(B) 図書館で。

(C) **ダニエルです。**

(D) はい、そうです。

Who「だれ」が聞かれているため、人物に関する応答がポイント。人名が入っている(C)が正解。

【語句】 borrow（借りる）

---

9. [A] 難易度 ★☆☆

(オーストラリア)(アメリカ) 05_09.mp3

Could you check this document by the day after tomorrow?（あさってまでにこの書類を確認していただけますか）

(A) **もちろんです。**

(B) 手伝ってくれてありがとう。

(C) 彼は水曜に戻る予定です。

(D) クレジットカードで支払います。

Could you…?は依頼の表現。承諾の決まり文句を使っている(A)が正解。依頼や提案表現を改めて確認しておこう（5日目）。

【語句】 the day after tomorrow（あさって）、pay by…（～で支払う）

---

10. [A] 難易度 ★★☆

(イギリス)(オーストラリア) 05_10.mp3

Do you have some time now?（今時間がありますか）

(A) **はい、でも数分だけです。**

(B) 私たちは同時に到着しました。

(C) すでに確認しました。

(D) 昼食を食べる前でした。

Yes/No疑問文は内容の聞き取りがポイント。「今時間があるかどうか」に対して「どのくらいあるか」を答えている(A)が正解。YesやNoだけで判断せずにそのあとに続く内容が応答として適切かどうかがカギ。

【語句】 arrive（到着する）、at the same time（同時に）

---

11. [B] 難易度 ★★☆

アメリカ イギリス 05_11.mp3

Where did you park your bicycle?（どこに自転車を停めましたか）

(A) 毎朝です。

(B) **角を曲がったところです。**

(C) 2キロメートルです。

(D) それを借りられますか。

Where（どこ）で始まる疑問文のため、場所で答えているものを選ぶ。場所を指しているのは(B)。

【語句】park（駐車する、駐輪する）

---

12. [C] 難易度 ★☆☆

オーストラリア アメリカ 05_12.mp3

What time do you usually get up on the weekends?（週末はいつも何時に起きますか）

(A) 博物館へ行きました。

(B) 日曜日はひまです。

(C) **7時半です。**

(D) 6時間です。

What time（何時）で始まり、時間が問われている。直接時間を答えている(C)が正解。**質問が長くても疑問詞を聞き取れれば答えられるものは多い。**(D)はHow long（どのくらいの時間）への応答。

---

13. [D] 難易度 ★★☆

イギリス オーストラリア 05_13.mp3

Have you submitted the monthly report?（月報を出しましたか）

(A) そんなに疲れていません。

(B) 会えてよかったです。

(C) はい、明日の朝までです。

(D) **いいえ、まだです。**

Have you…?（もう～しましたか）に対して、Not yet.（まだ）と、まだ提出していないことを答えている(D)が正解。(C)は、Yesは「提出した」という意味になるが、その後が締切を伝えているため応答にならない。

【語句】submit（提出する）、monthly report（月報）

---

14. [A] 難易度 ★★☆

アメリカ イギリス 05_14.mp3

Are you happy with the new package design?（新しいパッケージデザインに満足していますか）

(A) **実のところ、古いほうが好きです。**

(B) ここに署名してください。

(C) おめでとうございます！

(D) それは新しくないのですか。

「新しいパッケージデザイン」の感想を聞いている。「古いほうが好きだ」という(A)が正解。Actually（実は）は、聞き手が予想している返事と異なるときによく使う。なお、この問題は**Are you happyだけの聞き取りでは答えられない**ため、すべての内容の理解が求められている。

【語句】sign（サインをする）

15. [A] 難易度 ★☆☆

オーストラリア アメリカ 05_15.mp3

How much does this bag cost?（このかばんはいくらしますか）

(A) **税込み200ドルです。**

(B) マレーシア製です。

(C) はい、すぐ戻ります。

(D) 重くありません。

How much…cost?は金額を聞く表現。直接金額を答えている(A)が正解。How much に対してYesで答えている(C)は即、消去しよう。

【語句】 cost（お金がかかる）、tax（税金）

16. [D] 難易度 ★★☆

イギリス オーストラリア 05_16.mp3

Isn't the library closed today?（今日、図書館は閉館していませんか）

(A) 何も借りませんでした。

(B) メインストリートを進んでください。

(C) 10冊までです。

(D) **今日は午後5時まで開いています。**

「図書館が閉まっているかどうか」に関する質問。**Yes/Noで答えているものがないため、内容で判断する**。何時まで空いているかを伝えている(D)が正解。

【語句】 borrow（借りる）、take（通る）、open until…（～まで開いている）

17. [B] 難易度 ★★★

アメリカ イギリス 05_17.mp3

Let me know if you need any help.（助けが必要なときはお知らせください）

(A) あ、それは知りませんでした。

(B) **どうもありがとうございます。**

(C) だれがやったのですか。

(D) 私のものではありません。

疑問文ではない報告・確認タイプは、質問に答えるわけではないため、内容の理解がさらに重要となる。手伝いを申し出ているのに対して、お礼を伝えている(B)が正解。

【語句】 let me know（私に知らせる）

18. [A] 難易度 ★★★

オーストラリア アメリカ 05_18.mp3

Do you know how to use this photocopier?（このコピー機の使い方を知っていますか）

(A) **はい、お教えしましょう。**

(B) はい、20部、お願いします。

(C) いいえ、1つ持っています。

(D) いいですね。

Do you know how…?は「方法を知っているかどうか」の質問。コピー機の使い方に対して「教えてあげる」と伝えている(A)が正解。なお、YesはDo you know…?（知っていますか）に対しての応答のため、「知っている」ことを答えている。

【語句】 photocopier（コピー機）

19. [B] 難易度 ★★☆

イギリス オーストラリア　05_19.mp3

Would you like some coffee, or is water fine?（コーヒーはいかが、それともお水がいいですか）

(A) どういたしまして。

(B) **どちらもけっこう、ありがとう。**

(C) はい、とても好きです。

(D) たった1ドルです。

Would you like…?は「～はいかがですか」という提案の表現。orでつなぎ、コーヒーか水を勧めている。「どちらもいらない」というNeitherで答えている(B)が正解。(C)はどちらを選んでいるかが不明。なお、**Coffee, please.（コーヒーをお願いします）**や**I'm fine with water.（水でいいです）**などの答え方もバリエーションとしてある。

【語句】 neither（どちらも～ない）

20. [A] 難易度 ★★☆

アメリカ イギリス　05_20.mp3

How long does it take from here to the stadium?（ここからスタジアムまでどのくらいかかりますか）

(A) **車で約45分です。**

(B) 交通量が多いです。

(C) いいえ、聞こえませんでした。

(D) 野球の試合を見ました。

How long does it take…?は「どれくらい時間がかかるか」を聞く慣用表現。車で行った場合の時間を答えている(A)が正解。WH疑問文のため(C)のNoは消去できる。

【語句】 stadium（競技場、スタジアム）

21. [D] 難易度 ★★★

オーストラリア アメリカ　05_21.mp3

Why don't we go out for a movie tomorrow?（明日映画に行きませんか）

(A) 楽しかったからです。

(B) ちょうどこの町に引っ越してきたところです。

(C) すでに始まっています。

(D) **何かいいものがありますか。**

Why don't we…?は「～しませんか」という提案表現。決まり文句の応答ではないため、内容の理解が求められる。「映画を見に行こう」という提案に対して「いい映画はありますか」とお勧めを聞いている(D)が正解。理由を聞いているわけではないため、(A)は不可。

【語句】 go out for…（～のために外出する）、move to…（～に引っ越す）

22. [A] 難易度 ★★☆

イギリス オーストラリア　05_22.mp3

Why did you call the hotel?（なぜホテルに電話しましたか）

(A) **部屋を予約するためです。**

(B) 2泊です。

(C) 同僚と一緒にいました。

(D) 来週まででではありません。

Why（なぜ）で始まる質問は内容まで聞き取る必要がある。call the hotelとあるため、「ホテルに電話をした理由」を質問している、「部屋の予約をするため」と直接答えている**(A)**が正解。Whyへの応答は(A)のように**「to＋動詞（～するため）」**や**「主語＋動詞」**となることがほとんど。

【語句】 reserve（予約する）、two nights（２泊）、coworker（同僚）

---

23. [C] 難易度 ★★★

(アメリカ)(イギリス) 05_23.mp3

You should register for the seminar right away.（すぐにセミナーに登録すべきです）

(A) ええ、あなたはそうすべきです。

(B) 会議は午後２時に始まります。

(C) **どうすればできますか。**

(D) 発売中です。

「セミナーにすぐ登録したほうがよい」というアドバイスに対する応答となるのは、受け入れるか、断るか、それ以外かの３種類。ここでは登録方法について「どうやるの？」と聞いている**(C)**が正解。

【語句】 resister for…（～に登録する）

---

24. [B] 難易度 ★★★

(オーストラリア)(アメリカ) 05_24.mp3

The train leaves at 2:45, doesn't it?（列車は2：45発ですよね）

(A) はい、私たちがします。

(B) **予定では、そうです。**

(C) バスでここに来ました。

(D) チケット売り場で。

最後のdoesn't it?は「ですよね？」という確認程度のため無視してよい。**ポイントは主語＋動詞を中心とした意味である**。「電車が2：45に出発する」ことについて確認しているのに対して、スケジュールに言及している**(B)**が正解。(A)はYes, it does.であれば正解となるが、主語がweのため不可。

【語句】 leave（出発する）、according to…（～によると）

---

25. [D] 難易度 ★★★

(イギリス)(オーストラリア) 05_25.mp3

Do you want to go straight home, or drop by a supermarket?（まっすぐ帰宅したいですか、それともスーパーに寄りますか）

(A) すでに売り切れています。

(B) 交差点を右折してください。

(C) 眼鏡をなくしてしまいました。

(D) **この近くに店がありますか。**

orでつながれているため、選択の対象がポイント。「まっすぐ家に帰る」か「スーパーに寄るか」の選択である。スーパーの有無について確認している**(D)**が正解。

【語句】 go straight home（まっすぐ家に帰る）、near here（この近くに）、lost（な

くした〈loseの過去形、過去分詞形〉)

26. [C] 難易度 ★★★

アメリカ イギリス 05_26.mp3

The new manager will start working next week. (新しいマネジャーは来週から働き始めます)

(A) 最近私たちは忙しいです。

(B) はい、履歴書を送りました。

(C) **彼女に会うのを楽しみにしています。**

(D) シンガポールとフィリピンへ。

「新しいマネジャーの勤務開始日」に関する報告が聞き取れているかどうかがポイント。「会えるのを楽しみにしている」というコメントを伝えている(C)が正解。

【語句】 lately (最近)、résumé (履歴書)

Listening Part 3 (p.191)

Questions 27 and 28 refer to the following conversation.

問27-28は次の会話に関するものです。

イギリス アメリカ 05_27.mp3

W: Hi. Would you like to send this letter by express or regular mail?

M: By regular mail, please.

W: That'll be three dollars and fifty cents.

W: こんにちは。この手紙は速達で送りますか、それとも普通郵便で送りますか。

M: 普通郵便でお願いします。

W: 3ドル50セントです。

[語句] express (mail) (速達)、regular mail (普通郵便)

27. [A] 難易度 ★★☆

話し手はどこにいますか。

(A) **郵便局に。**

(B) コンピュータ店に。

(C) 電車の駅に。

(D) パン屋に。

会話の場所が問われている。冒頭のsend this letter (手紙を送る) やexpress or regular mail (速達または普通郵便) という表現が使われるのは、郵便局のため正解は(A)。

28. [B] 難易度 ★☆☆

男性はいくら支払いますか。

(A) 2ドル。

(B) **3ドル50セント。**

(C) 15ドル50セント。

(D) 35ドル。

金額をピンポイントで聞き取れたかな。最後に、three dollars and fifty centsと伝えているため正解は(B)。

Questions 29 and 30 refer to the following conversation.

問29-30は次の会話に関するものです。

オーストラリア イギリス 05_28.mp3

M: Carol, how many résumés have

you received so far?

W: We've got more than five, and most of them have experience working at a library.

M: Oh, that's wonderful. We'll probably be able to find good helpers.

M: キャロル、これまでにいくつの履歴書を受け取りましたか。

W: ５つ以上受け取り、そのほとんどは図書館で働いた経験があります。

M: ああ、それは素晴らしい。おそらく良いヘルパーたちを見つけることができるでしょう。

[語句] receive（受け取る）、experience（経験）、be able to…（～できる）

---

29. [C] 難易度 ★★★

男性は何を知りたいのですか。

(A) イベントの場所。

(B) 図書館の営業時間。

(C) 応募者の数。

(D) 仕事の対価。

男性が知りたがっている内容が問われている。冒頭でhow many résumés have you received so far?と履歴書の数を聞いている。つまり、応募者（applicants）の数のことを指すため正解は(C)。

---

30. [A] 難易度 ★★☆

話し手たちはなぜ喜んでいるのですか。

(A) 助けが得られる。

(B) イベントに参加できる。

(C) 新しい品物を買える。

(D) 新しい仕事を得られる。

男性が後半でOh, that's wonderful（おぉ、それは素晴らしい）と喜んでいる。その後に続くWe'll probably be able to find good helpers（良い手助けを見つけることができる）とその理由を話している。少し言い換えている(A)が正解だ。

Questions 31 and 32 refer to the following conversation.

問31-32は次の会話に関するものです。

(イギリス)(アメリカ) 05_29.mp3

W: Sam, could you print out the report from your computer? My computer doesn't work properly.

M: Sure. I'll take care of that. You should contact the Technology Department for repair.

W: I already did. Jack will come and check it after lunch today.

W: サム、あなたのコンピュータからそのレポートを印刷していただけますか。私のコンピュータは正常に作動しないの。

M: もちろん。引き受けるよ。君は修理のため技術部門に連絡したほうがいいよ。

W: すでにやったわ。今日、昼食後にジャックが来て確認する予定よ。

[語句] properly（適切に）、take care of…（～を引き受ける）、repair（修理）

---

31. [D] 難易度 ★★☆

女性は男性に何をするよう頼みますか。

(A) クライアントに連絡する。

(B) コンピュータをセットアップする。

(C) 説明書を読む。

(D) **書類を印刷する。**

女性の依頼を聞き取ろう。冒頭で**could you…?と依頼表現が使われている**。内容はprint out the reportとあるため、正解は(D)。reportをdocumentと言い換えているね。

---

32. [B] 難易度 ★★☆

女性はいつジャックに会いますか。

(A) 今朝。

(B) **今日の午後。**

(C) 明日の朝。

(D) 明日の午後。

女性がいつJackに会うかをピンポイントで聞き取る問題。女性の後半の発言にJack will come and check it after lunch today.と「今日のランチ後」に来ると話している。よって、正解は(B) This afternoon。

Questions 33 and 34 refer to the following conversation and list.

問33-34は次の会話とリストに関するものです。

(オーストラリア)(イギリス) 05_30.mp3

M: Jody, you've been to a business conference in New York, haven't you?

W: Yes, I attended it last year.

M: Which hotel do you recommend? I'm not familiar with that area.

W: Well, I recommend ones close to the Convention Hall such as the business district, because the traffic is heavy in the morning.

M: ジョディ、君はニューヨークでビジネス会議に参加したことがあったよね。

W: ええ、去年出席したわ。

M: どのホテルがお勧めかな。あのエリアはよく知らなくて。

W: そうね、朝は交通量が多いからビジネス地区のようなコンベンションホールに近いものがお勧めよ。

ホテル	場所
グランドホテル	五番街
スカイホテル	空港の近く
セントラルホテル	公園エリア
コロンブスホテル	ビジネス地区

[語句] conference（会議）、recommend（勧める）、be familiar with…（〜に詳しい）、close to…（〜に近い）、district（地区）

---

33. [B] 難易度 ★★☆

女性は去年について何を言っていますか。

(A) 彼女はニューヨークへ引っ越した。

(B) **彼女は会議へ出席した。**

(C) 彼女は男性のチームへ参加した。

(D) 彼女は記事を執筆した。

昨年に関する情報を聞き取る。冒頭で男性が「ビジネス会議に行きましたよね？」と確認しているのに対して、女性はI attended it last year.と答えている。このitはbusiness conferenceを指すため、正解は(B)。

34. [D] 難易度 ★★★

リストを見てください。男性はおそらくどこに滞在するでしょうか。

(A) グランドホテル。

(B) スカイホテル。

(C) セントラルホテル。

(D) **コロンブスホテル。**

男性が滞在するホテル名について、**会話の内容とリストの情報を照らし合わせる問題**。男性がオススメのホテルを聞いたのに対して、女性はclose to the Convention Hall（コンベンションホールの近く）を勧めて、具体的にsuch as the business districtと添えている。男性は、女性の助言を受けてBusiness areaに滞在すると考えられるため、正解は**(D) Columbus Hotel**。

Questions 35 and 36 refer to the following conversation and schedule.

問35-36は次の会話と予定表に関するものです。

(イギリス)(アメリカ) 05_31.mp3

W: Brian, look, there are evening live shows at Blue Notes Club. Why don't we go on Thursday?

M: I'd love to, but I have a meeting with my client that evening. How about going there on Friday instead?

W: Sounds great. Joseph and Paula may want to come with us.

M: Yeah, I'll talk to them later.

W: ブライアン、見て、ブルーノーツクラブでナイトライブがあるわ。木曜日に行ってみない？

M: 行きたいんだけど、その夜はクライアントとの会議があるよ。代わりに金曜日に行くのはどう？

W: いいわね。ジョセフとポーラも一緒に来たいと思うかもしれない。

M: ああ、僕が後で話しておくよ。

ナイトライブ	
火曜日	ビーンズ&リーブズ
水曜日	アンドリュー・ヒルマン
木曜日	セリーヌ・ウエダ
金曜日	クラウンズ

[語句] how about…?（～はいかがですか）、instead（その代わりに）

35. [D] 難易度 ★★★

予定表を見てください。話し手はどのライブに行きますか。

(A) ビーンズ&リーブズ。

(B) アンドリュー・ヒルマン。

(C) セリーヌ・ウエダ。

(D) **クラウンズ。**

どのライブに行くかが問われているね。 スケジュールには曜日とミュージシャンがあり、選択肢に並ぶのはミュージシャンだ。ということは、会話に出てくる曜日がヒントになることがわかる。女性が「木曜日のライブに行かない？」と提案したのに対して、男性は会議があるため行かれないと答えている。続くHow about going there on Friday instead?という男性の代案に対して、女性はSounds great.と受け入れている。よって、金曜日に行くことがわかるため、正解は(D) Crowns' (live)だ。

---

36. [B] 難易度 ★★☆

男性は次に何をしますか。

(A) 席を予約する。

(B) **同僚に話す。**

(C) Eメールを送る。

(D) クライアントに会う。

男性の次の行動が問われている。 女性が「ジョセフとポーラも一緒に来たいかも」と話したのに対して、男性はI'll talk to them…と2人に話すことを伝えている。この2人は同僚（coworkers）だと考えられるため、正解は(B)。

Listening Part 4 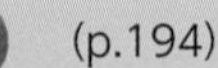

Questions 37 and 38 refer to the following announcement.

問37-38は次のお知らせに関するものです。

(アメリカ) **05_32.mp3**

Thank you for shopping at Shack Camera. We are happy to announce that we are having a demonstration starting in 5 minutes in our camera department. Come see our latest models of cameras and learn how to operate them with Dan, who is a professional photographer for the International Geography magazine.

シャックカメラでお買い物いただきありがとうございます。カメラ売り場で5分後に実演販売が始まることをお知らせいたします。カメラの最新モデルを見ていただき、インターナショナルジオグラフィー誌のプロカメラマンであるダンと一緒に操作する方法を学びましょう。

[語句] demonstration（実演）、latest（最新の）、operate（操作する）、photographer（カメラマン）

---

37. [A] 難易度 ★★☆

5分後に何が起きますか。

(A) **実演販売が始まる。**

(B) 店が閉店する。

(C) 食べ物が用意される。

(D) 修理が終わる。

5分後に起こることをピンポイントで聞

き取る。お客さんへの挨拶の後、we are having a demonstration starting in 5 minutesと5分後にデモンストレーションが始まることを伝えている。正解は(A)。

38. [D] 難易度 ★★★

ダンはだれですか。

(A) 店の所有者。

(B) ラジオのレポーター。

(C) 雑誌の記者。

(D) **カメラマン。**

ダンという人物の職業が問われている。後半にDan, who is a professional photographerを聞き取れたかな。正解は(D)の「写真家」だ。

Questions 39 and 40 refer to the following telephone message.

問39-40は次の電話メッセージに関するものです。

(オーストラリア) 05_33.mp3

Hello, Mr. Davis. This is Bill Nye from UVC Books. I'm calling to let you know that the science magazine you ordered last week has just come in. Please come and pick it up at your convenience. Our regular business hours are from 10 A.M. to 8 P.M. Monday through Friday. Thank you.

こんにちは、デイビスさん。こちらUVCブックスのビル・ナイです。先週ご注文いただいた科学雑誌がちょうど届いたのをお知らせするためお電話しています。ご都合のよいときにご来店、お引き取りください。通常の営業時間は月曜日から金曜日までの午前10時から午後8時までです。ありがとうございます。

[語句] at your convenience (都合のよいときに)、business hours (営業時間)

39. [B] 難易度 ★★★

話し手はなぜ電話をかけていますか。

(A) 誤りを正すため。

(B) **訪問を頼むため。**

(C) 面接を予約するため。

(D) 質問に答えるため。

目的は前半で述べられるよ。名乗った後、電話した目的として、「科学雑誌が到着したことを知らせる」とある。さらに、その雑誌についてPlease come and pick it upと取りに来るように依頼している。これを意味するのが(B)の「訪問をお願いする」だ。言い換えているね。

40. [B] 難易度 ★★★

店は何時に閉まりますか。

(A) 午後7時。

(B) **午後8時。**

(C) 午後9時。

(D) 午後10時。

閉店時間をピンポイントで聞き取る問題。後半にOur regular business hours

are from 10 A.M. to 8 P.M.と伝えている。正解は(B)。

Questions 41 and 42 refer to the following talk.
問41-42は次のトークに関するものです。
(アメリカ) **05_34.mp3**
Thank you for coming to our car factory. I'm your guide, Rick Smith. During this tour, please don't touch any machines and stay behind the yellow lines at all times. Also, we all need to wear a safety helmet. Please ask me any questions at any time.
当自動車工場にお越し頂き、ありがとうございます。ガイドを務めますリック・スミスです。このツアーの間、機械に手を触れず、常に黄色い線の後ろにいてください。また、私たち全員が安全ヘルメットを着用する必要があります。いつでも質問してください。
[語句] stay behind…（～の後ろにいる）

---

41. [C] 難易度 ★☆☆
話し手はだれですか。
(A) 運転手。
(B) ウェイター。
(C) **ツアーガイド。**
(D) 駅員。

話し手の職業が問われている。発言内容から特定しよう。冒頭でお礼を伝えた後、I'm your guide, Rick Smith.と自己紹介をしているね。正解は(C)。最初にハッキリ出てくるから、確実に正解したい問題だよ。

---

42. [B] 難易度 ★★★
聞き手は何をする必要がありますか。
(A) 荷物をロッカーに入れる。
(B) **保護具を装着する。**
(C) 建物内での会話を避ける。
(D) 身分証を見せる。

聞き手が取るべき行動を聞き取る問題。後半we all need to wear a safety helmet.と「ヘルメットをかぶること」を伝えている。safety helmetをprotective equipment（保護具）と言い換えている(B)が正解。

Questions 43 and 44 refer to the following talk.
問43-44は次のトークに関するものです。
(オーストラリア) **05_35.mp3**
Hello everyone. I'm Brent Harper from Wedge Motors. I'm very excited that we have about fifty people coming to our job fair booth. I'm sure that all of you will be interested in our business. First, let me show you a video explaining our company and our corporate activities.
みなさん、こんにちは。ウェッジモーターズのブレント・ハーパーです。約50人に就職説明会ブースにお越しいただき非常にワクワクしており、みなさんに私たちのビジネスに興味を持っていただけるも

のと確信しています。まず、私たちの会社と会社の活動を説明するビデオをご覧いただきます。

[語句] excited（ワクワクする）、explain（説明する）、corporate（会社の）

43. [D] 難易度 ★★☆

聞き手はどこにいますか。

(A) 空港に。

(B) フィットネスセンターに。

(C) フェスティバルに。

(D) **就職説明会に。**

場所が問われている。自己紹介の後に喜んでいる内容としてwe have about fifty people coming to our job fair booth.と伝えている。よって、正解は**(D)**。

44. [A] 難易度 ★★☆

聞き手は次に何をしますか。

(A) **ビデオを見る。**

(B) 音楽を聴く。

(C) フォームに記入する。

(D) 自己紹介する。

聞き手のこの後の行動は、後半の内容にヒントがある。最後にFirst, let me show you a video…と、これからビデオを見せることを伝えているため、聞き手が行うのは**(A)**だ。

Questions 45 and 46 refer to the following announcement.

問45-46は次のお知らせに関するものです。

イギリス　05_36.mp3

Attention passengers with tickets for the 3:00 express bound for the International Airport. Due to mechanical trouble, it has been delayed for about 30 minutes. If you want to get a full refund, please come to the ticket counter. We apologize for the inconvenience.

国際空港行きの特急券をお持ちのお客様にご案内申し上げます。機械トラブルにより約30分遅れています。全額払い戻しをご希望の場合は、チケットカウンターにお越しください。ご不便をおかけし申し訳ありません。

[語句] passenger（乗客）、bound for…（～行きの）、due to…（～のため）、be delayed（遅れる）、refund（返金）、apologize for…（～に謝罪する）、inconvenience（不便）

45. [A] 難易度 ★★☆

問題は何ですか。

(A) **電車が遅れている。**

(B) 券売機が壊れている。

(C) いくつかの飛行機が運休になった。

(D) 満席である。

何か問題が起こっていることがわかるね。Attention passengers with tickets for the 3:00 express（3時の特急のチケットを持っているお客様へ）と呼びかけた後、「機械のトラブル」という原因とともに、it has been delayedと「遅れ」

を伝えている。よって、正解は(A)。

46. [D] 難易度 ★★☆

聞き手はカウンターで何ができますか。

(A) 道案内を求める。

(B) 切符を買う。

(C) 時刻表を確認する。

(D) **払い戻しを受ける。**

カウンターでできることが問われている。最後にIf you want to get a full refund, please come to the ticket counter.とカウンターに来ることを案内している。get a full refund（全額返金を受ける）したい人がカウンターに行くため、正解は(D)。

Questions 47 and 48 refer to the following telephone message and order form.

問47-48は次の電話のメッセージと注文票に関するものです。

イギリス 05_37.mp3

Hello, Mr. Gardner. This is Isabela Sanders from MJ Designs. I placed orders yesterday, but I'd like to increase the number of brochures. We'll have more people than we expected, so please change it to 200. We have enough in stock of the other items. When you hear this message, please call me back at 555-9876. Thank you.

こんにちは、ガードナーさん。こちらはMJデザインズのイザベラ・サンダーズです。昨日注文をしましたが、パンフレットの数を増やしたいです。予想よりも人数が多く、200に変更してください。他のアイテムは十分な在庫があります。このメッセージを聞いたら、555-9876まで折り返しお電話ください。ありがとうございます。

注文票	
ステッカー	80
パンフレット	100
ペン	120
紙袋	90

[語句] place orders（注文する）、increase（増やす）、brochure（パンフレット）、expect（予想する）

47. [B] 難易度 ★★☆

注文票を見てください。どの量を変更する必要がありますか。

(A) 80

(B) **100**

(C) 120

(D) 90

解説

設問と選択肢から数字に変更があることがわかる。Order Form（注文用紙）の商品名がヒントになりそうだね。冒頭で昨日注文したことを伝えた後、but I'd like to increase the number of brochures.と増加を希望している。brochures（パンフレット）と言っていたので、変更する数字は(B) 100だ。

48. [D] 難易度 ★★☆

話し手は聞き手に何をするよう頼んでい

ますか。

(A) 書類を送る。

(B) Eメールを確認する。

(C) ディレクターに会う。

(D) **電話を折り返す。**

依頼内容を聞き取ろう。最後に、When you hear this message, please call me back…と折り返しの電話をお願いしている。これを表す(D)の「折り返し電話をかける」が正解。

Questions 49 and 50 refer to the following talk and schedule.

問49-50は次のトークと予定表に関するものです。

(アメリカ) 05_38.mp3

Before we close the meeting, I just want to remind you that you can still register for the three-hour workshops scheduled for next week. However, the one on Thursday is already full. The participation fee is free. To register, please go to the company Web site. If you have any questions, please call extension 150.

会議を終了する前に、来週に予定されている３時間のワークショップにまだ登録できることをお知らせします。しかし、木曜日のものはすでに満席です。参加費は無料です。登録するには、会社のウェブサイトにアクセスしてください。ご質問があれば内線番号150にお電話ください。

ワークショップ	
日	テーマ
月曜日	営業活動
火曜日	組織構築
水曜日	会議
木曜日	プレゼンテーション

[語句] remind（再度伝える）、still（まだ）、register for…（～に登録する）、however（しかし）、participation fee（参加費）、extension（内線）

---

49. [D] 難易度 ★★☆

予定表を見てください。どのワークショップがすでに満席ですか。

(A) 営業活動

(B) 組織構築

(C) 会議

(D) **プレゼンテーション**

満席になった研修が問われている。選択肢にはトピックが並んでいるから、トークで述べられる曜日をヒントにしよう。３時間セミナーを申し込めるというリマインドの後、However, the one on Thursday is already full.と「木曜日」が満席であることを伝えている。木曜日に開催されるのは(D)だ。

---

50. [D] 難易度 ★☆☆

聞き手はどのようにワークショップに登録できますか。

(A) 集まりに出席することによって。

(B) 用紙に記入することによって。

(C) 事務所に電話することによって。

(D) **ウェブサイトにアクセスすることによって。**

申込方法が問われている。後半にTo register（申し込むには）という前置きに続いて、please go to the company Web site.とどこで申し込めるかが述べられている。正解は(D)だ。

Reading Part  (p.198)

51. [D] 難易度 ★★☆

Express delivery is available at **additional** cost.（速達は追加料金で利用できる）

[語句] available（利用できる）、additional（追加の）

語尾が異なる単語が並んでいるため品詞問題。空欄前がat、空欄後が名詞costのため、この名詞を説明するものが入る。名詞を説明するのは形容詞のため、-alで終わる(D)が正解。なお、副詞から-lyを取った形が形容詞だ。

52. [B] 難易度 ★☆☆

Mark Gonzales opened **his** store on Main Street last week.（マーク・ゴンザレスは先週メインストリートに彼の店を開いた）

異なる形の代名詞は前後のつながりから判断する。名詞storeの前に置くのは「だれの」店かを表す(B) his。(A)は主語の役割、(D)は目的語の役割、(C)は「～自身」となるため目的語または「自分自身で」を意味する際に使用される。

53. [D] 難易度 ★☆☆

A marketing expert wrote an article on successful **promotion**.（マーケティングの専門家は成功する販売促進に関する記事を書いた）

[語句] promotion（販売促進、宣伝）

語尾の違いから品詞問題だと判断できる。形容詞successfulに続く品詞を覚えているかどうかがカギ。正解は名詞(D)。**-tionは基本的に名詞の語尾**だ。(A)動詞、(B)形容詞、(C)副詞。

54. [A] 難易度 ★★☆

LC Classics ltd. is famous **for** stylish footwear.（LCクラシックスは洗練された靴で有名だ）

[語句] footwear（履物、靴）

前置詞が並んでいる選択肢。前置詞問題の解答は、**空欄前後の単語のつながり**がカギ。famous（有名な）の後ろにその対象物が続いている。「～で有名な」は**famous for…**を用いるため正解は(A)。

55. [C] 難易度 ★★☆

The number of visitors to Hawaii has increased **sharply** this month.（今月、

ハワイへの観光客の数が急激に増加した)

すべて異なる単語のため、語彙問題である。副詞が並んでいるため、動詞との意味のセットを読み取ろう。動詞はincreasedのため「どんなふうに増えたか」がポイント。増え方を表せるのは(C)急激に。(A)誇らしげに、(B)重要なことに、(D)正式に。

---

56. [C] 難易度 ★★☆

Toshi Matsumoto often plans **enjoyable** events with his friends. (トシ・マツモトはしばしば彼の友人たちと楽しいイベントを計画する)

[語句] enjoyable (楽しい)

語尾が異なっているため品詞問題と判断できただろうか。plans _____ eventsから、イベントを計画していることがわかる。この名詞eventに対して「どんなイベントか」を説明する形容詞(C)が正解。enjoyable eventsで「楽しいイベント」となる。ここまで学習をがんばってきたのだから、TOEIC Bridgeをenjoyable eventにしよう！なお**-ableは形容詞の語尾だ**と再確認しておこう。また、副詞から-lyを取ったものや、それに近いものが形容詞となることも覚えておこう。

---

57. [A] 難易度 ★★☆

The company picnic was cancelled **due to** the bad weather. (その会社のピクニックは悪天候のため中止された)

接続詞と前置詞が並ぶ選択肢。空欄の後ろに続くものが文か名詞かを確認する。the bad weatherは名詞のカタマリのため、空欄に入るのは前置詞となる。空欄前の「キャンセルになった」と空欄後の「悪天候」の関係は「結果と理由」のため、理由を表す前置詞(A) **due to**が正解。(B) becauseは理由を表す接続詞なので後ろは「文」になる。

---

58. [B] 難易度 ★★☆

Richard Reynolds **strongly** suggests that the team should have a meeting soon. (リチャード・レイノルズは、そのチームはすぐに会議をすべきだと強く示唆した)

[語句] suggest (提案する)

語尾が異なるため品詞問題。主語の人物名と動詞の間に空欄がある。**「主語がどんなふうに動作を行うか」が問われている**ため、主語と動詞の間に入るのは副詞(B)。(A)は形容詞、(C)は名詞、(D)は動詞。

---

59. [C] 難易度 ★★☆

Anyone **who** has a library card can enter the museum free of charge. (図書館カードを持っている人ならだれでも博物館に無料で入館することができる)

[語句] free of charge (無料で)

関係代名詞の問題。主語となる名詞（先行詞）Anyoneの後ろに置かれ、空欄後に動詞hasが続いている。よって、主語と動詞の関係をつなぐ関係代名詞がポイントとなる。主語と動詞の関係をつなぐのはwho、which、thatの３つ。Anyoneは人であるため、正解は(C) who。

60. [D] 難易度 ★★★

Lisa Johnson spoke **longer** than any other participant at the speech contest.（リサ・ジョンソンはスピーチコンテストで他の参加者のだれよりも長くスピーチをした）

[語句] participant（参加者）

品詞または比較の問題。空欄前後に**than（～より）**があるため、正解は**比較級の**(D)。(A)は原級、(B)は最上級、(C)は名詞。

61. [A] 難易度 ★★★

The Personnel Department holds leadership seminars **regularly** for new managers.（人事部は新人管理職向けの管理職研修を定期的に行っている）

副詞が並ぶ語彙問題。副詞は動詞を説明するため、holds leadership seminarsとセットで使われるものを考える。開催について適切につながるのは、頻度を表す(A) regularly。(B)うまくいけば、(C)素早く、(D)劇的に。

62. [B] 難易度 ★★★

Seats must **be reserved** at least two weeks before the Annual Convention.（座席は年次総会の最低２週間前に予約されなければならない）

[語句] reserve（予約する）、at least（少なくとも）

名詞reservationと動詞reserveの活用形が並んでいるため、**品詞または動詞の形**が問われている。mustの後ろに空欄があるため、ここには動詞の原形が入る。**主語Seats（席）は、動詞reserve（予約する）という動作を受ける側**のため、正解は**受動態の**(B)。

63. [C] 難易度 ★★★

Although Natalie Derek had only a little experience, she achieved her sales goal.（ナタリー・デレクはほんのわずかの経験しかないが販売目標を達成した）

[語句] achieve（達成する）

接続詞が並んでいる選択肢のため、カンマの前後の内容を関連づけて答える。前半が「少しの経験しかない」、後半が「売上目標を達成した」とある。「経験がない」と「目標を達成した」は「逆」の内容のため、正解は(C)～にもかかわらず。(A)～なので、(B)～までずっと、(D)しかし。Butは、冒頭に置いてカンマで文をつなぐことはできない。Natalie Derek

has only a little experience, but she achieved her sales goal.であれば可能。

---

64. [A] 難易度 ★★☆

James Anderson received an **invitation** to the party.（ジェームス・アンダーソンがパーティの招待状を受け取った）

[語句] invitation（招待（状））

名詞に関する語彙問題。動詞received（受け取った）の目的語になるものを選ぶ。空欄の後ろにあるto the party（パーティへ）もヒントとなり、受け取ったのは(A)招待状。(B)組織、(C)出席、(D)経験。

---

65. [D] 難易度 ★★★

The **complete** schedule for the project has been posted on the wall.（その案件の全部そろったスケジュールは壁に掲示されている）

[語句] post（掲示する）

形容詞の語彙問題。名詞scheduleを説明する形容詞を特定する。内容を読み取ると「プロジェクトのスケジュール」であることがわかり、それがhas been posted（掲示される）とある。どんなスケジュールが掲示されるかを考えると、(D)全部そろった。(A)職業の、(B)軽い、(C)資格のある。

Reading Part  (p.201)

問66-68は次のメールに関するものです。

> Michel [10:20 A.M.]
> Hi Ryan. **According to** the weather forecast, it's likely to rain this weekend. Should we **cancel** the picnic? Instead, we could play indoor sports such as basketball or badminton in the gym. Let **me** know what you think.
> （ミシェル［10：20A.M.］こんにちは、ライアン。天気予報によると、今週末は雨が降るようです。ピクニックを中止しますか。代わりに体育館でバスケットボールやバドミントンなどの屋内スポーツをすることもできます。あなたはどう思うか教えてください）

[語句] according to…（～によると）、be likely to…（～しそうである）、such as…（～などの）

---

66. [A] 難易度 ★★☆

カンマでつなぐための前置詞か接続詞の問題だ。直後のthe weather forecast（天気予報）と、it's likely to rain（雨が降りそう）の関係から、「～によると」を意味する(A)が適切。情報の出所を示す時に使われるね。

---

67. [B] 難易度 ★★☆

動詞の語彙問題で、空欄直後のpicnicに対する動作が問われているね。直前の文にある「雨が降りそう」という情報と関連させると、正解は(B)のcancelだね。

---

68. [C] 難易度 ★☆☆

代名詞の使い方が問われているよ。動詞Letの目的語だから(C) meが正解。Let me knowという表現を知っていれば悩まずに解けたはず。

問69-71は次の広告に関するものです。

> Pal Book Sale
> March 21 9:00 A.M. – 6:00 P.M.
> Get novels, non-fictions, children's books, and more at discounted **prices**! Pal Bookstore will have a book sale. We have a large **selection** of books, so find your favorite! The store is located on Main Street, **which** is just across from Milton Station.
> (パル書物セール　3月21日午前9時～午後6時　小説、ノンフィクション、児童書などを割引価格で手に入れてください！パル書店は本のセールを行います。たくさんの本を取りそろえているので、お気に入りを見つけてください！店はミルトン駅向かいのメインストリートにあります)

[語句] a large selection of…（たくさんの～）、favorite（お気に入り）、across from…（～の向かい）

---

69. [B] 難易度 ★★☆

名詞の語彙問題だね。 Pal Book Saleから本のセールの内容だと判断できる。discountedになるのは当然(B)の価格。それ以外は「割引」とはつながらないよ。

---

70. [D] 難易度 ★☆☆

語尾が異なっているから品詞問題。語順から判断しよう。 空欄の直前がlargeという形容詞、後ろが前置詞ofだ。形容詞が説明するのは名詞だから、正解は(D) selection。

---

71. [A] 難易度 ★★☆

関係代名詞の問題だね。空欄直前の名詞（先行詞）と、その後ろに続く内容から判断しよう。 Main Streetについて、is just across…と続いていることから、主語・動詞の関係になると判断できたかな。先行詞Main Streetは人以外のため、(A) whichが正解。

問72-74は次の文書に関するものです。

> Hi Yuri,
> Did you see the new logo design? I like it because it's **simpler** than the current one.
> However, I think it's **too** colorful

for our brand image. Don't you think we should talk with the designer soon? **What do you think?**
Terry
(ユリさん、こんにちは。新しいロゴデザインを見ましたか。現在のものよりもシンプルなので好きです。しかしながら私たちのブランドイメージにはカラフルすぎると思います。すぐにデザイナーと話をするべきだと思いませんか。あなたがどう考えているか教えてください。　テリー)

[語句] current（現在の）

72. [A] 難易度 ★☆☆

比較の問題だ。空欄の後ろに**than（～よりも）**があるのがポイント。thanは比較級と一緒に使われるんだったよね。正解は(A) **simpler**。

73. [C] 難易度 ★☆☆

選択肢を見ても何の問題かわかりづらい場合は、**語法や表現が問われている**よ。主語のItはnew logo designを指していて、それがどんなふうにcolorfulなのか、と続いている。「しかしながら」は、何かの問題点が続くことを予想させるので、too colorful（カラフルすぎる）とつながる(C)が正解。

74. [B] 難易度 ★★☆

文を選ぶ問題は、前後の文脈をしっかり読み取る必要があるよ。前の文に「すぐにデザイナーと話したほうがいいんじゃないですか？」と提案している。その提案についての意見を求める(B)「どう思いますか」が適切。

問75-77は次のメモに関するものです。

Thank you for **staying** at Wader Hotel. We are sorry that our **restaurant** is closed because it has some water trouble. Please check the map for some places to eat. **Delivery is also available.** For any questions, please talk to our staff. We apologize for any inconvenience.
(ウェイダーホテルにご宿泊いただきありがとうございます。申し訳ありませんが、水のトラブルにより我々のレストランは閉まっております。地図で、食べる場所をご確認ください。配達も可能です。ご不明点がございましたら、スタッフまでお問い合わせください。ご不便をおかけしますことお詫びいたします)

75. [C] 難易度 ★★☆

動詞の形が問われているよ。Thank you for…と前置詞に続くのは名詞だ。動詞を名詞化しなくてはいけないため、正解は

動名詞の(C) staying。ちなみに、stayやstaysにも名詞の役割はあるけれど、名詞として使う場合にはThank you for your stay(s)のように代名詞が必要なんだ。

---

76. [C] 難易度 ★★☆

名詞が問われている。「どこが閉まっているか」を文脈から判断しよう。「水のトラブル」だけではわからないけど、さらに次の文を読むとsome places to eat（食べる場所）が紙の裏の地図に載っていることが伝えられているね。この内容から、閉まっているのはホテルのレストランだと判断できるよ。正解は(C)。

---

77. [B] 難易度 ★★★

前後の文を読み、話の展開をつかもう。前の文が「地図に食べる場所が載っている」、後ろの文が「質問について」だ。前の文の追加情報として、「配達もできる」とつながるため、正解は(B)。

問78-80は次のEメールに関するものです。

To: Stephanie Mosby
From: Layla Patterson
Subject: Lecture
Dear Ms. Mosby:
I **attended** your lecture on June 24. I was impressed with your research on wildlife animals. I teach at a high school in Melbourne, and I wonder if you could give a talk to my students sometime in the future. **Any topic is fine.** We will cover your cost of transportation **and** pay a lecture fee based on our school standards. I'm looking forward to hearing from you.
Best regards,
Layla Patterson
(宛先：ステファニー・モスビー
送信：レイラ・パターソン
件名：講義
親愛なるモスビー様：
6月24日にあなたの講義に出席しました。野生動物に関する研究に感銘を受けました。私はメルボルンにある高校で教えていますが、いつか私の生徒たちに話していただけませんか。どんな話題でもけっこうです。交通費は当校が負担し、学校の基準に基づいた講演料をお支払いいたします。ご連絡をお待ちしております。
よろしくお願いします。
レイラ・パターソン)

[語句] lecture（講義、講演）、be impressed with…（～に感銘を受ける）、wildlife animal（野生動物）、transportation（交通機関）、based on…（～に基づいて）、standard（基準）、look forward to…（～を楽しみにしている）

78. [D] 難易度 ★★☆

attend（出席する）に関する時制の問題だね。June 24が過去か未来かわからないので次の文も確認しよう。I was impressed（感動した）とあるため、すでに出席したことがわかるよ。正解は過去形の(D) attended。

79. [A] 難易度 ★★★

前後の話の展開から判断しよう。前の文が「高校の生徒に話をしてもらえないか」という依頼だ。後ろの文は「交通費を負担する」という内容だ。この間に入れても話がつながるのは、talkの内容は何でもよいことを伝える(A)。

80. [A] 難易度 ★★☆

接続詞または前置詞が問われている。空欄の前が「交通費を負担する」、空欄の後ろが「講演料を支払う」だ。支払うものを並べているため、適切なものは(A)の接続詞andだ。

Reading Part ③ (p.206)

問81-82は次のテキストメッセージに関するものです。

> ロジャーより
> こんにちはナモ。リスボンへの出張、楽しんでください。一部の店舗ではクレジットカードが使用できないことを頭に入れておいてください。

[概要] text messageとはスマホ経由でのメッセージのこと。出張に関する注意事項を伝えている。

[語句] business trip（出張）、keep in mind that…（～を頭に入れておく）

81. [C] 難易度 ★☆☆

ナモは何を計画していますか。

(A) 仕事を変える。

(B) 休暇を取る。

(C) **出張する。**

(D) 店を開く。

ナモが計画していることをピンポイントで読み取る。ロジャーがHi Nhamo.と呼びかけた後、Enjoy your business tripと伝えている。出張をtravel on businessと言い換えている(C)が正解。

82. [D] 難易度 ★★☆

ロジャーのメッセージへの最も適切な返事を選んでください。

(A)「現金でお願いします」

(B)「今まで行ったことがありません」

(C)「もしあれば教えてください」

(D)**「情報をありがとう」**

ロジャーの話を受けて、**ナモの返事の内容が問われている**。ロジャーの発言の最後に、「いくつかの店ではクレジットカードが使えないことを頭に入れておいて」

と伝えている。このアドバイスに対する返事として適切なのは、お礼を述べている(D)。

問83-84は次の請求書に関するものです。

請求書
プレムコム
www.prem-com.com
送り先：
レイチェル・グリーン様
オークビル　パシフィック・ドライブ 3150

商品	価格
1　ノート型パソコン AXQ200s 1　ノート型パソコンバッテリー AXQ200s用 2　DHKコンピュータスピーカー	900ドル 30ドル 40ドル
税	97ドル
合計	1,067ドル

注文日：10月28日
支払い：クレジットカード
配達予定日：11月4日
お問い合わせはカスタマーサービス部 555-6996までお電話ください。

[概要] Invoiceとは請求書のこと。買った商品とそれぞれの金額、配達予定日などが印刷されている。

[語句] laptop (computer)（ノートパソコン）、payment（支払い）、expected（予定の）、inquiry（問い合わせ）

83. [A] 難易度 ★★☆
店は何を売っていますか。
(A) **電化製品。**
(B) 家具。
(C) スポーツ用品。
(D) 食料品。

販売している商品を特定する。 Itemの項目にある商品名を見るとコンピュータやバッテリー、スピーカーと並んでいる。これらを指すのは(A)の「電化製品」。

84. [B] 難易度 ★☆☆
品物はいつ注文されましたか。
(A) 10月24日。
(B) **10月28日。**
(C) 11月2日。
(D) 11月4日。

商品が注文された日が問われている。 Order dateが該当箇所で正解は(B)。問題を正確に読み、素早く場所を特定したい。

問85-86は次のEメールに関するものです。

宛先：モナ・ライト
投稿者：カール・セーガン
日付：7月30日
件名：年次健康診断
親愛なるライト様、
明日午前9時の年次健康診断の予約を確認するためにメールを書いていま

す。
身分証明書を持参するように言われましたが、ほかに必要なものはありますか。今日午後6時までにご連絡いただければ幸いです。すぐのご返信をお待ちしています。
敬具
カール・セーガン

[概要] メールのsubject（件名）を見ると健康診断に関するメールである。冒頭で目的が伝えられ、細かい情報へと入っていく。

[語句] annual（毎年の）、checkup（健康診断）、confirm（確認する）、identification card（身分証明書、IDカード）、bring（持ってくる）、appreciate（感謝する）

---

85. [B] 難易度 ★☆☆

明日の9時に何がありますか。

(A) 医院がセーガン氏に電話する。
(B) 健診が始まる。
(C) セーガン氏が電話を受ける。
(D) メールが送信される。

明日9時に関する情報を読み取る。 冒頭にI am writing to confirm my appointment tomorrow at 9 A.M. for my annual health checkup.とある。健康診断の予約時間のため、正解は(B)。

---

86. [C] 難易度 ★★☆

セーガン氏はライトさんに何を依頼していますか。

(A) 予約をキャンセルする。
(B) 文書を準備する。
(C) 質問に答える。
(D) 備品を注文する。

依頼内容を読み取る。 IDカードのほかに何か持っていくべきかという質問の後で、I would appreciate it if you could contact me by 6 P.M. today.と連絡を求めている。よって、依頼内容は(C)の「質問に返信する」である。

問87-89は次の広告に関するものです。

求人
大手スポーツ用品販売会社のパークグッズは、ハイペースな国際環境で働けるやる気と勤勉さにあふれた販売員を現在募集しています。
求められる資格：
・流暢な英語と日本語
・ストレスのかかる状況で働くことができる能力
・最低5年の販売経験
・柔軟性
履歴書をwelovefun@parkgoods.comに提出してください。業務の詳細につきましては当社ウェブサイトwww.parkgoods.com/jobdetails.htmlをご覧ください。

[概要] Job Opportunity（仕事の機会）から、求人広告であるとわかる。冒頭では求めている人物が、続いて必要な資格が提示されている。

[語句] leading（最大手の）、sports equipment（スポーツ用品）、distributor（販売会社）、look for…（～を探す）、motivated（やる気がある）、fast-paced（ペースが速い）、environment（環境）、required qualification（求められる資格）、fluent（流ちょうな）、ability（能力）、minimum（最低）、flexibility（柔軟性）、detailed（詳しい）、job description（仕事の説明）

---

87. [D] 難易度 ★☆☆

募集されている職種は何ですか。

(A) アマチュアの運動選手。

(B) ソフトウェア開発者。

(C) 翻訳者。

(D) **販売員。**

求人の対象が問われているため、is currently looking for（現在募集している）に注目。その直後にsales peopleとあるので「販売員」の求人であることがわかる。正解は(D)。

---

88. [C] 難易度 ★★☆

求められていない資格は何ですか。

(A) 二か国語を話す能力。

(B) 柔軟性。

(C) **大学の学位。**

(D) 以前の経験。

必要条件として書かれていない情報を特定する。箇条書きをチェックするとFluent English and Japaneseが(A)の「二か国語話せる能力」、Minimum 5 years sales experienceが(D)の「以前の経験」、そしてFlexibilityがそのまま入っている(B)。よって、書かれていないのは(C)の「大学の学位」。

---

89. [B] 難易度 ★☆☆

興味を持った人は、どのように詳細を知ることができますか。

(A) パークグッズに電話する。

(B) **ウェブサイトを訪問する。**

(C) 次のページを読む。

(D) 就職フェアに参加する。

詳しい情報を得る方法を特定する。最後にFor detailed job descriptions（詳しい仕事の記述は）と前置きがあり、please visit our Web siteと促している。正解は(B)。

問90-91は次のテキストメッセージに関するものです。

ケイ

こんにちは、ミルトン。ジョン・ブライアントのコメディ映画のチラシを見たところです。あなたがそれを見ることに興味があるのではないかと思いました。

ミルトン

もちろん！明日オフィスでその映画についてもっと教えてください。今、上映しているんですか。

[概要] スマホによるメッセージ。コメディ映画のチラシの話から話が展開している。

[語句] flyer（ちらし）

---

90. [A] 難易度 ★★☆

書き手はおそらくだれでしょうか。

(A) **同僚。**

(B) 家族。

(C) クラスメート。

(D) 音楽家。

2人の関係を読み取る。映画についてやり取りをした後、ミルトンが、Tell me more about it tomorrow at the office.と伝えている。2人ともofficeで働いていることが推測できるため、正解は(A)の同僚。

---

91. [D] 難易度 ★★☆

ミルトンのメッセージへの最も適切な返事を選んでください。

(A)「ギターが弾けます」

(B)「題名は知りません」

(C)「それはいつですか」

(D) **「いいえ、来月始まります」**

返事として適切なものが問われている。ケイが冒頭で「コメディ映画を見ることに興味があると思って」とミルトンに連絡をしたことに対して、Is it playing right now?（今、上映してる？）と聞いている。上演の時期について答えている(D)の「いいえ、来月始まる」が正解。

問92-94は次のオンラインチャットでの会話に関するものです。

サンドラのメッセージ

サンドラ [10：02A.M.]

こんにちは、ジム。まだあなたのソファを買う人を探している？私の友人のジョージが私の近くのアパートに引っ越して、ソファを欲しがっているの。

ジム [10：08P.M.]

それを聞いてうれしいよ！イーストタウンに来られる？僕のアパートに来てくれる人にソファを売りたいんだ。

サンドラ [10：10A.M.]

もちろん。彼はバンを借りてあなたのところへ行くって言っていた。この土曜日か日曜日はどう？私も彼と一緒に行くつもり。

ジム [10：13A.M.]

土曜日の午後なら空いている。午後3時はどう？今日、後で僕の住所を送るよ。

[概要] Online chat discussionとは、パソコンによるチャットのこと。ソファを買いたいという友人の紹介から話が始まっている。

[語句] rent（借りる）、van（小型トラック、バン）

---

92. [A] 難易度 ★★☆

ジョージは何をしたいですか。

(A) **家具を買う。**

(B) アパートを借りる。

(C) 新しい仕事を得る。

(D) パーティーに参加する。

ジョージとは冒頭のサンドラの発言に登場する友人だ。「ソファを買ってくれる人を探してる？」とジムに聞いた後、ジョージが引っ越して、ソファを欲しがっていることを伝えている。よって、ジョージがしたがっていることは(A)の「家具を買う」だ。

93. [D] 難易度 ★★★

ジムについて何が示されていますか。

(A) 彼は新しい場所へ引っ越した。

(B) 彼はジョージと一緒に働いている。

(C) 彼は車を所有している。

(D) **彼はイーストタウンに住んでいる。**

ジムに関する内容について、**本文と選択肢の内容を照らし合わせる**。ソファの買い取りについて、Can you come to East Town?と聞き、「アパートに取りに来てくれる人に売りたい」と理由を述べている。つまり、ジムはEast Townのアパートに住んでいることがわかるため、正解は(D)。

94. [D] 難易度 ★★★

サンドラはジョージについて何を書いていますか。

(A) 彼は彼女にEメールを送った。

(B) 彼は日曜日に支払う。

(C) 彼は午後のシフトで働いている。

(D) **彼は車でジムのところへ行く。**

サンドラによるジョージに関する内容を読み取る。後半の発言にhe would rent a van, and come to you.と伝えている。バンを借りることから、(D)の「ジムの場所まで車で行く」が正解。

問95-97は次の情報に関するものです。

市立図書館は、4月7日土曜日の午前9時から午後5時まで、グリーンパークで毎年恒例のチャリティライブコンサートを開催します。入場料は大人10ドル、12歳未満の子どもは3ドルです。このイベントには主に5ドル未満の中古本の販売、フードスタンド、子ども向けのゲームが含まれます。昨年、寄付金は図書館の改修に使用されました。雨天時は体育館で開催します。最新情報については、ウェブサイトをご確認ください。

[概要] information（情報）として、冒頭で図書館主催のチャリティコンサートについて伝えられている。入場料や収益金の使い方などが書かれている。

[語句] hold（開催する）、entry fee（入場料）、include（含む）、used-book（古本）、mostly（主に）、donation（寄付（金））、renovate（改修する）、in case of…（～の場合）、updates（最新情報）

95. [A] 難易度 ★

イベントはどこで行われますか。

(A) **公園で。**

(B) 図書館で。

(C) コンサートホールで。

(D) レストランで。

冒頭でチャリティライブコンサートが開催されることが書かれており、日付、場所と続いている。at the Green Parkとあるため、正解は(A)。

96. [A] 難易度 ★★★

昨年、寄付金は何のために使われましたか。

(A) **建物の改修。**

(B) 運動スペース。

(C) セイキュリティシステム。

(D) 食品の準備。

寄付金の昨年の使い道を特定する。段落の最後にLast year, donation was used to renovate the library.と書かれている。これを少し言い換えた(A)が正解。

97. [C] 難易度 ★★★

人々はなぜウェブサイトを訪れるべきですか。

(A) イベントに登録するため。

(B) 周辺地図を見るため。

(C) **更新された情報を見るため。**

(D) お金を寄付するため。

ウェブサイトへの訪問について読み取る。下部の注意書きに、Please check our Web site for updates.とある。updates(最新情報)を得るためとあるため、正解は(C)。

問98-100は次のお知らせに関するものです。

ギブソン・エレベーターズ

タカハラビルのエレベータの年次定期点検が以下の日程で行われます：

	エレベータ	時間
1月10日	エレベータA ウイング1	午前8～11時
1月11日	エレベータB ウイング1	午前11～午後2時
1月12日	エレベータC ウイング2	午後1～4時
1月13日	エレベータD ウイング2	午後1～4時

オフィス勤務者の方のご不便にならないよう、常時3台のエレベータが稼働しています。必要な点検へのご協力をお願いいたします。安全を優先して取り組みます。ご質問や気になる点がございましたら、プロジェクトを監督するボブ・ヤング(555-6066)までお電話ください。よろしくお願いいたします。

[概要] 冒頭にGibson Elevatorsと書かれたうえで、Annual elevator maintenanceとある。エレベータの定期メンテナンスのスケジュールと、それに関する注意書きへと続いている。

[語句] as follows(以下のように)、operate(稼働する)、at all times(常時)、

avoid（避ける）、cooperation（協力）、necessary（必要な）、priority（優先）、supervise（監督する）、concern（気になること）

98. [C] 難易度 ★☆☆

だれのためのお知らせですか。

(A) メンテナンス班。

(B) お店の顧客たち。

(C) **オフィスで働く人たち。**

(D) 患者たち。

エレベータのメンテナンスの予定の下に、「3つのエレベータは動いている」とあり、その理由としてto avoid any inconvenience to the office workers.と書かれている。ここから、(C)の「オフィスワーカー」を対象とした情報だと判断できる。

99. [B] 難易度 ★☆☆

1月11日の作業は何時に始まりますか。

(A) 午前8時。

(B) **午前11時。**

(C) 午後1時。

(D) 午後2時。

January 11の項目を確認すると、Elevator B Wing 1、11:00 A.M. - 2:00 P.M.とある。よって、開始時間は(B)。

100. [B] 難易度 ★☆☆

ボブ・ヤングはだれですか。

(A) ビルの賃借人。

(B) **プロジェクトの監督者。**

(C) 会社の社長。

(D) エレベータの整備士。

ボブ・ヤングがだれかが問われている。
後半にBob Youngという名前とともに、who supervises the project（プロジェクトを監督している）と書かれている。よって、正解は(B)。

TOEIC BRIDGE L & Rテスト模擬試験用解答用紙

LISTENING TEST																								
Part 1					Part 2										Part 3					Part 4				
No.	ANSWER				No.	ANSWER				No.	ANSWER				No.	ANSWER				No.	ANSWER			
	A	B	C	D		A	B	C	D		A	B	C	D		A	B	C	D		A	B	C	D
1	Ⓐ	Ⓑ	Ⓒ	Ⓓ	11	Ⓐ	Ⓑ	Ⓒ	Ⓓ	21	Ⓐ	Ⓑ	Ⓒ	Ⓓ	31	Ⓐ	Ⓑ	Ⓒ	Ⓓ	41	Ⓐ	Ⓑ	Ⓒ	Ⓓ
2	Ⓐ	Ⓑ	Ⓒ	Ⓓ	12	Ⓐ	Ⓑ	Ⓒ	Ⓓ	22	Ⓐ	Ⓑ	Ⓒ	Ⓓ	32	Ⓐ	Ⓑ	Ⓒ	Ⓓ	42	Ⓐ	Ⓑ	Ⓒ	Ⓓ
3	Ⓐ	Ⓑ	Ⓒ	Ⓓ	13	Ⓐ	Ⓑ	Ⓒ	Ⓓ	23	Ⓐ	Ⓑ	Ⓒ	Ⓓ	33	Ⓐ	Ⓑ	Ⓒ	Ⓓ	43	Ⓐ	Ⓑ	Ⓒ	Ⓓ
4	Ⓐ	Ⓑ	Ⓒ	Ⓓ	14	Ⓐ	Ⓑ	Ⓒ	Ⓓ	24	Ⓐ	Ⓑ	Ⓒ	Ⓓ	34	Ⓐ	Ⓑ	Ⓒ	Ⓓ	44	Ⓐ	Ⓑ	Ⓒ	Ⓓ
5	Ⓐ	Ⓑ	Ⓒ	Ⓓ	15	Ⓐ	Ⓑ	Ⓒ	Ⓓ	25	Ⓐ	Ⓑ	Ⓒ	Ⓓ	35	Ⓐ	Ⓑ	Ⓒ	Ⓓ	45	Ⓐ	Ⓑ	Ⓒ	Ⓓ
6	Ⓐ	Ⓑ	Ⓒ	Ⓓ	16	Ⓐ	Ⓑ	Ⓒ	Ⓓ	26	Ⓐ	Ⓑ	Ⓒ	Ⓓ	36	Ⓐ	Ⓑ	Ⓒ	Ⓓ	46	Ⓐ	Ⓑ	Ⓒ	Ⓓ
7	Ⓐ	Ⓑ	Ⓒ	Ⓓ	17	Ⓐ	Ⓑ	Ⓒ	Ⓓ	27	Ⓐ	Ⓑ	Ⓒ	Ⓓ	37	Ⓐ	Ⓑ	Ⓒ	Ⓓ	47	Ⓐ	Ⓑ	Ⓒ	Ⓓ
8	Ⓐ	Ⓑ	Ⓒ	Ⓓ	18	Ⓐ	Ⓑ	Ⓒ	Ⓓ	28	Ⓐ	Ⓑ	Ⓒ	Ⓓ	38	Ⓐ	Ⓑ	Ⓒ	Ⓓ	48	Ⓐ	Ⓑ	Ⓒ	Ⓓ
9	Ⓐ	Ⓑ	Ⓒ	Ⓓ	19	Ⓐ	Ⓑ	Ⓒ	Ⓓ	29	Ⓐ	Ⓑ	Ⓒ	Ⓓ	39	Ⓐ	Ⓑ	Ⓒ	Ⓓ	49	Ⓐ	Ⓑ	Ⓒ	Ⓓ
10	Ⓐ	Ⓑ	Ⓒ	Ⓓ	20	Ⓐ	Ⓑ	Ⓒ	Ⓓ	30	Ⓐ	Ⓑ	Ⓒ	Ⓓ	40	Ⓐ	Ⓑ	Ⓒ	Ⓓ	50	Ⓐ	Ⓑ	Ⓒ	Ⓓ

READING TEST																								
Part 1										Part 2					Part 3									
No.	ANSWER				No.	ANSWER				No.	ANSWER				No.	ANSWER				No.	ANSWER			
	A	B	C	D		A	B	C	D		A	B	C	D		A	B	C	D		A	B	C	D
51	Ⓐ	Ⓑ	Ⓒ	Ⓓ	61	Ⓐ	Ⓑ	Ⓒ	Ⓓ	71	Ⓐ	Ⓑ	Ⓒ	Ⓓ	81	Ⓐ	Ⓑ	Ⓒ	Ⓓ	91	Ⓐ	Ⓑ	Ⓒ	Ⓓ
52	Ⓐ	Ⓑ	Ⓒ	Ⓓ	62	Ⓐ	Ⓑ	Ⓒ	Ⓓ	72	Ⓐ	Ⓑ	Ⓒ	Ⓓ	82	Ⓐ	Ⓑ	Ⓒ	Ⓓ	92	Ⓐ	Ⓑ	Ⓒ	Ⓓ
53	Ⓐ	Ⓑ	Ⓒ	Ⓓ	63	Ⓐ	Ⓑ	Ⓒ	Ⓓ	73	Ⓐ	Ⓑ	Ⓒ	Ⓓ	83	Ⓐ	Ⓑ	Ⓒ	Ⓓ	93	Ⓐ	Ⓑ	Ⓒ	Ⓓ
54	Ⓐ	Ⓑ	Ⓒ	Ⓓ	64	Ⓐ	Ⓑ	Ⓒ	Ⓓ	74	Ⓐ	Ⓑ	Ⓒ	Ⓓ	84	Ⓐ	Ⓑ	Ⓒ	Ⓓ	94	Ⓐ	Ⓑ	Ⓒ	Ⓓ
55	Ⓐ	Ⓑ	Ⓒ	Ⓓ	65	Ⓐ	Ⓑ	Ⓒ	Ⓓ	75	Ⓐ	Ⓑ	Ⓒ	Ⓓ	85	Ⓐ	Ⓑ	Ⓒ	Ⓓ	95	Ⓐ	Ⓑ	Ⓒ	Ⓓ
56	Ⓐ	Ⓑ	Ⓒ	Ⓓ	66	Ⓐ	Ⓑ	Ⓒ	Ⓓ	76	Ⓐ	Ⓑ	Ⓒ	Ⓓ	86	Ⓐ	Ⓑ	Ⓒ	Ⓓ	96	Ⓐ	Ⓑ	Ⓒ	Ⓓ
57	Ⓐ	Ⓑ	Ⓒ	Ⓓ	67	Ⓐ	Ⓑ	Ⓒ	Ⓓ	77	Ⓐ	Ⓑ	Ⓒ	Ⓓ	87	Ⓐ	Ⓑ	Ⓒ	Ⓓ	97	Ⓐ	Ⓑ	Ⓒ	Ⓓ
58	Ⓐ	Ⓑ	Ⓒ	Ⓓ	68	Ⓐ	Ⓑ	Ⓒ	Ⓓ	78	Ⓐ	Ⓑ	Ⓒ	Ⓓ	88	Ⓐ	Ⓑ	Ⓒ	Ⓓ	98	Ⓐ	Ⓑ	Ⓒ	Ⓓ
59	Ⓐ	Ⓑ	Ⓒ	Ⓓ	69	Ⓐ	Ⓑ	Ⓒ	Ⓓ	79	Ⓐ	Ⓑ	Ⓒ	Ⓓ	89	Ⓐ	Ⓑ	Ⓒ	Ⓓ	99	Ⓐ	Ⓑ	Ⓒ	Ⓓ
60	Ⓐ	Ⓑ	Ⓒ	Ⓓ	70	Ⓐ	Ⓑ	Ⓒ	Ⓓ	80	Ⓐ	Ⓑ	Ⓒ	Ⓓ	90	Ⓐ	Ⓑ	Ⓒ	Ⓓ	100	Ⓐ	Ⓑ	Ⓒ	Ⓓ

問題タイプ別正解チェック一覧

模擬試験の答え合わせをしたら、正解した問題番号を以下の表から見つけて丸をつけましょう。丸がつかなかったところは、表の右端にある「復習日」に戻って、復習しましょう。繰り返し解いて、全問正解を目指しましょう。

		問題番号									復習日
Part 1	人物の描写	1	2	3							1日目
	物の描写	4	5	6							2日目
Part 2	WH	7	8	11	12	15	20	22			3日目
	Yes/No・選択	10	13	14	16	18	19	25			4日目
	依頼・提案	9	21								5日目
	報告・確認	17	23	24	26						6日目
Part 3	会話の概要	27	29								7日目
	会話の詳細	28	30	31	32	33	36				7日目
	図表に関する問題	34	35								8日目
Part 4	トークの概要	39	41	43							9日目
	トークの詳細	37	38	40	42	44	45	46	48	50	9日目
	図表に関する問題	47	49								10日目
Part 1	品詞・代名詞	51	52	53	56	58					11日目
	動詞	62									12日目
	接続詞&前置詞	57	63								13日目
	関係詞	59									15日目
	比較	60									15日目
	語彙	55	61	64	65						14日目
	前置詞	54									13日目
Part 2	一文で解ける	66	68	69	70	71	72	75	80		15日目
	複数の文を読む	67	73	76	78						16日目
	文選択	74	77	79							17日目
Part 3	チャット	81	82	90	91	92	93	94			18日目
	ウェブサイト・お知らせ	83	84	87	88	89	98	99	100		19日目
	Eメール・ビジネス文書・記事	85	86	95	96	97					20日目

●著者

早川幸治（はやかわこうじ）

ニックネームはJay。IT企業（SE）から英語教育の世界へ転身。英会話講師を経て、現在は英語学習セミナー等を通じた人材育成に従事。「できる」を体験させる指導で絶大な信頼を得ており,これまでに担当した企業は全国で170社を超える。また桜美林大学、早稲田大学、明徳義塾高校などでも教えている。高校２年で英検４級不合格となり、その苦手意識を克服した経験から、学習者サポートにも力を入れている。著書は『TOEIC® テスト書き込みドリル』シリーズ（桐原書店)、『TOEIC® テスト出る語句1800+』（コスモピア）など50冊以上。雑誌連載のほか、セブ島留学「桐原グローバルアカデミー」TOEICプログラム監修。TOEIC® L＆Rテスト990点（満点)、TOEIC BRIDGE® L＆Rテスト100点（満点）取得。

ブログ:「英語モチベーション・ブースター」http://ameblo.jp/jay-english/
サイト:Jay's Booster Station　https://boosterstation.jp/
twitter:@jay_toeic
Eメール:jay@jay-toeic.com

●英文校正　佐藤誠司、松本賢治、Calvin Ogata
●本文デザイン　松崎知子
●イラスト　Igloo★dining★
●音声データ制作　一般財団法人英語教育協議会（ELEC）
●編集協力　株式会社エディポック（古川陽子）
●編集担当　柳沢裕子（ナツメ出版企画株式会社）

本書に関するお問い合わせは、書名・発行日・該当ページを明記の上、下記のいずれかの方法にてお送りください。電話でのお問い合わせはお受けしておりません。
・ナツメ社webサイトの問い合わせフォーム
https://www.natsume.co.jp/contact
・FAX（03-3291-1305）
・郵送（下記、ナツメ出版企画株式会社宛て）
なお、回答までに日にちをいただく場合があります。正誤のお問い合わせ以外の書籍内容に関する解説・受験指導は、一切行っておりません。あらかじめご了承ください。

TOEIC BRIDGE® L＆Rテスト はじめてでも80点突破

2020年7月6日　初版発行
2024年7月1日　第7刷発行

著　者　早川幸治
発行者　田村正隆

発行所　株式会社ナツメ社
東京都千代田区神田神保町1-52 ナツメ社ビル1F（〒101-0051）
電話　03(3291) 1257(代表)　FAX　03(3291) 5761
振替　00130-1-58661
制　作　ナツメ出版企画株式会社
東京都千代田区神田神保町1-52 ナツメ社ビル3F（〒101-0051）
電話　03(3295) 3921(代表)
印刷所　ラン印刷社

ISBN978-4-8163-6860-8　Printed in Japan
<定価はカバーに表示してあります><落丁・乱丁本はお取り替えいたします>